知的生きかた文庫

JN102886

コクヨの結果を出す整理術

コクヨ株式会社

三笠書房

はじめに

「コクヨの整理術」はマネするだけで結果が出る！

皆さん、こんにちは。

私たち「コクヨ」は、働く環境を構成する文房具やオフィス用家具をはじめとした様々な商品を企画・販売している会社です。

「ノートのコクヨ」という見方をされることが多いのですが、じつは、オフィスのデザインや企業のワークスタイルのコンサルティング事業も長らく手がけてきました。

コクヨには、グループ全体で約7000人の社員がいます。その社員たちが、知恵を出し合って、日々、「**働きやすい職場環境づくり**」に取り組んでいます。

その一環として、私たちは、もう20年以上前から、オフィスに**フリーアドレス制**（社員が固定された席を持たない制度）を導入しています。「入社以来、固定席を持ったことがない」「一度も引き出しのあるデスクに座ったことがない」という社員も多いです。

フリーアドレスということは、固定席の場合と比べて、様々なモノを減らす努力をしなければなりません。書類の総量を約半分にし、文房具などの備品の整理・共有化を行うなど、働きやすい環境をつくるための工夫に力を注いできました。

その取り組みを通じて、改めて確信していることがあります。それは、

「整理をしてモノが減る・整うと、仕事は手際よく進められ、生産性が上がる」

ということです。

整理によって、業務時間が「10」から「9」や「8」に減ることは少なくありません。1人の時間としては小さな成果だとしても、約7000人の社員分として積算すれば、**膨大な効率化と生産性のアップ**につながります。これによって生み出された資源（マンパワー）は、新たな価値を生む仕事につぎ込むことが可能です。

お陰様で、私たちが「働きやすい職場環境づくり」に取り組んでいることが知られるにつれ、「コクヨの社員は、どのような整理をしているのか？」という質問を受ける機会が増えてきました。

そこで今回、コクヨ社員が実践する「**100の整理術**」をご紹介する運びとなりました。

最初に一言だけ申し上げます。

それは、「**整理は、楽しんでやるのが一番！**」だということです。

実際、本書を制作するときにも、じつは整理をしている本人が「楽しんでやっている」「満足してやっている」ことが伝わってきました。ルールが厳しかったり、面倒なものは長続きしないのです。

そもそも、整理術には、万人に共通する「正解」はありません。「**自分がしっくりくるやり方**」が、あなたにとっての正解であり、最高の整理術なのです。

本書には、１００人１００通りの整理術があります。「縦の空間を有効に使う」「引き出しは４分割して使う」「立たせて収納する」「モノの住所を決める」「情報は１箇所にまとめる」などなど、**楽しく、ラクにできるノウハウが満載**です。

ぜひ、ご自分が「楽しさ」「快適さ」を感じる整理術を１つでも多く見つけていただきたいと思います。それが、仕事の生産性をさらに高めるコツです。

そのヒントとして、本書を役立てていただけると幸いです。

コクヨ株式会社

『コクヨの結果を出す整理術』◇もくじ

Part 1

コンパクトにまとめる

――「結果を出す」メソッド30

Part 2

わかりやすく分ける

——「結果を出す」メソッド30

Part 3

気持ちよく使う
――「結果を出す」メソッド20

Part 4

自由に楽しむ

――「結果を出す」メソッド20

企画協力　渡邉 理香
本文DTP　宇那木 孝俊

Prologue

整理術で「仕事の生産性」はもっと上がる！

――成果につながる整理術のコツ

「きれい」より「使いやすさ」にこだわる

✓「掃除」と「整理」はまったく別物！

「整理」というと、きれいにスッキリと片づいたデスクや書棚を思い浮かべるかもしれませんね。ですが、それは「掃除」です。

仕事における「整理」とは、作業効率を高める環境をつくること。仕事のしやすさを最優先にして整えることです。

ただし、その「仕事のしやすさ」は、人それぞれ。

たとえば、「その日の業務で使うものは、すべてデスクの上に出しておきたい」という人もいれば、「ジャマだから、使うときだけ出したい」という人もいます。

モノの置き方ひとつとっても、「まっすぐに置きたい」という人もいれば、「つかみやすいから、不格好でも斜めにして置いておきたい」という人もいます。

ですから、「キレイ」にこだわる必要はありません。整理においては、見た目の美しさと使い勝手のよさは、必ずしも一致しないのです。

✔「仕事が楽しい」「ラクになった」と感じたなら、その「整理」は正解！

あるコクヨ社員の話です。

「子どもの頃から『片づけ』が苦手で、社会人になってからも苦痛でした。でも、ある日、整理後に『あ、なんだか仕事がラクにできる！』と実感してからは、あれこれ考えて整理をするのが楽しくなりました」

仕事における整理をする際、自分の仕事の見直し作業が必要となってきます。見直すことによって、自分の仕事のやり方に悪いところはないのか、時間がかかっているのはどこなのか、では何を改善すればよいのか……と考えます。

つまり、整理は、自分の仕事のボトルネック（生産効率を下げている原因）を見つけて、それを解消するきっかけになるのです。

あなたが仕事をしているときにも、「なんか、これやりづらい……」「この作業、テンションが上がらない……」などと感じることがありませんか？

もしかすると、それらも「整理」が解決の糸口になるかもしれません。

「自分に合ったやり方」が一番いい

✔増加するフロー情報を処理するための整理法が必要

近年、ビジネスの現場は、さらなるスピード化を遂げています。流れ込んでくる情報（フロー情報）が増えているにもかかわらず、そこから「取捨選択→意思決定→アウトプットする」までに、これまで以上のスピードを要求されています。

これを実現するために鍵となるのが、フロー情報の扱いです。具体的には、「滞りなくフロー情報を捨てること」が重要になります。

増え続けるフロー系の書類をため込んでいくと、検索性が低下し、仕事の生産性を妨げます。コクヨ社員の中でも、自分なりの「捨てるルール」を決めて運用している人が非常に多いです。

フロー系の書類とストック系の書類は区別して扱います。以前に比べると、フロー系の書類の割合は増えていますが、契約書や伝票など、保存が必要なストック系の書類は、これまで通り、穴をあけてファイルにとじ、時系列で保存します。

✓手間をかける整理術から、自由度の高い整理術へ

かつては、書類を大量にストックすることが多かったため、書類の整理といえば、インデックスやバインダーを駆使するファイリングが一般的でした。

現在は、整理を行う目的が「スピード化＝生産性向上」であるため、「コレ」という整理術はなく、各自の仕事の内容と好みに合わせて整理をしています。

また、いったん収納したら終わりではなく、たとえば、

・近いうちに捨てる予定の書類は、穴をあけてとじない。
・どこでも書類を見られるように、データ化する。

というように、捨てやすさを意識して保管したり、モバイルで活用できるように加工したり、柔軟に移動や廃棄を行いやすい整理術が適しています。

本書では、コクヨ社員が生産性の向上を目的に行っている整理術を、「コンパクトにまとめる」「わかりやすく分ける」「気持ちよく使う」「自由に楽しむ」という４つの観点から、ご紹介していきます。

この章で使えるアイテム!

Part 1

コンパクトにまとめる「結果を出す」メソッド30

作業がしやすい環境をつくれば
最大限の能力を発揮できる!

001

「縦の空間」を有効に使う

スペースは上に向かって増設する

上に積み重ねることが可能な「天井のあるアイテム」を使うことで、デスク上の縦のスペースを有効活用しています。

たとえば、積み重ねOKなレタートレーや引き出しタイプの収納用品など。これらを使うことで、さらに上にモノを載せることができ、より多くの収納場所をつくり出せます。

また、目に入る位置にモノが収納されているので、目的のモノを探しやすいというメリットもあります。

よく「あの書類ある？」「あれ貸して」などと、上司や同僚から頼まれることがありますが、そういうときにもパパッと手渡せるので、「仕事の管理が行き届いているんだね」と言われたことも。整理は評価に直結するのかもしれませんね。

Point

狭いスペースの
縦の空間を
有効活用する。

モノをギュウギュウに押し込むわけではないので、高さがあっても圧迫感はない。
一番上には電話機を設置している。

002 キーボードは「小さいものを選ぶ」

小さくて片づけやすいから、デスクのスペースを広く使える

毎日使うものだからこそ、キーボード、マウス、テンキー（数字の入力装置）は、なるべくサイズの小さいものを選んで購入します。また、キーボードとテンキーが一体型のものはやめて、独立したタイプを選びます（片方だけ使うときは、片方をしまっておけるので）。

仕事柄、図面を広げて仕事をするため、デスクの上が広く使えると、作業効率がアップします。そして、書類作成などのパソコンを使った事務作業をすることも比較的多いですから、そういうときには、３種類の入力デバイスがデスクの真ん中で大活躍です。

デバイス選びのポイントとしては、できるだけサイズやテイストをそろえることです。スッキリとまとまり、見た目が美しくなります。

図面を広げたり、
試作品をつくるときには、
入力デバイスを
モニターの下に片づける。

Point

小さめの
入力デバイスを
選ぶ！

書類作成などの
パソコン作業時には、
入力デバイスを
デスクの中央に置く。

似た感じのテイストの製品を選ぶと、並べたときに統一感がある。

003

「ファイルボックス」は1個にする

「このスペースのみ！」強い意志を持って書類を減らす

進行中の案件の書類は、「ファイルボックス1個分だけ持つ」と決めて、それ以上増やしません。書類が増えないように、1、2週間に一度のペースで見直し、不要な書類を処分します。

書類は、案件ごとに中身の見える色付きクリヤーホルダーに入れ、打ち合わせの際などは、ホルダーごと持ち出します。ホルダーはせいぜい20冊程度にしかなりませんから、色を見れば、おおよそどの案件なのかがわかります。

書類を捨てる際も、どうしても取っておきたいものはスキャナーで取り込んでデータ化し、ファイル名の冒頭に日付を入れて、「170603○○会社提案資料」というように名付けて保管します。日付を入れておくと、過去のカレンダーのスケジュールから検索できるので、ラクに書類を探せます。

Point

手持ちの書類は
「このスペースのみ！」
と決意する。

あとで必要になりそうな書類は、メールのファイル添付で受け取るようにしたり、
社内で共有できる書類は個人で持たないようにしたり、
そもそも紙の書類が増えないような工夫もしている。

004 仕分けのコツは「すべて出して並べる」

グレーゾーンの物品は、時限爆弾方式を適用する

モノを捨てる際の基本は、時限爆弾方式です。

仕事の資料の場合は、「①直近で使っている／②いつか使うかも／③使わない」の3つに仕分けして、②は箱につめて、中身を使わないまま時期がきたら、もう中も確認せずに破棄します。

この3つの仕分けを行うには、まず、職場のロッカーやデスクの引き出しから収納物をすべて出して、床や会議室のデスクに並べます。

そして、並んだファイルや物品を俯瞰《ふかん》して、必要なものをピックアップ（①）、不要なものを廃棄（③）、グレーゾーンにあるものを箱に詰めます（②）。とにかくすべてを出して並べることが重要です。というのは、いったん出してしまうと、元に戻す手間が面倒で、思いきって捨てる決断をしやすくなるからです。

Point

中身を並べて
俯瞰《ふかん》→判断→
廃棄する。

写真は自宅の引き出しを整理したときの様子。
中身をすべて出して並べて、使う予定のないパソコンケースと
不要なノートを見つけて処分した。

005 同じ機能なら「ミニサイズを選ぶ」

便利に使えるものを見つけて、時間と手間を節約する

展示会やセミナーの開催に携わることも多く、そこで使う資料や商品を会場に送ったり、送り返したりということがよくあります。そして、こういう場面で役に立つのが小巻のガムテープです。芯が小さく、通常の製品の3分の1くらいの直径しかないので、とても軽く、手持ちのバッグやポケットにも入れられます。あまり知られていないようですが、複数のメーカーから発売されています。

かつては少しでも小さく軽くしようと芯を抜いたり、テープの巻きが少なくなっているものをつぶしたり、テープをぐるぐる手巻きして持って行くなど、時間と手間をかけていました。ですが、そもそも同じ機能を持つミニサイズの製品が存在するならば、それを使うほうが効率的です。また、小さくてかさばらないので、社内で使うときにも、すぐ手の届くデスクの上に置いておけます。

Point

同じ機能なら
ミニサイズを
選ぶ！

通常のガムテープと小巻のガムテープを並べてみると、大きさの違いは明らか。

006 容量に「限りのあるファイル」を使う

マチ幅を超えない量を心がけるから、整理の習慣がつく

3辺とじの個別フォルダーを使うようになって、書類の量がグッと減りました。

通常、個別フォルダーというと、2つ折りのファイルに書類を挟む形式なので、大量の書類を保管できてしまいます（ふくらみすぎると、みっともないですが）。「NEOS」シリーズの個別フォルダーは、3辺とじであるため、入れられる書類の量に限界があります。フォルダーに「ここまで！」と言われている気がして、整理と廃棄を心がけるようになり、むやみにため込まなくなりました。また、樹脂製のフォルダーなので、何度出し入れしても、紙製のフォルダーのように端がボロボロにならず、耐久性があります。

いまは、ラベルはつけずに、フォルダーの色で中に入っている書類を区別しています。この色の展開も落ち着いた感じで気に入っています。

派手ではないがハッキリした色合いで、キャビネットや引き出しに収納したときにもきれいに見える。

Point

収まるだけの
量をキープ！

3辺がとじているので、持ち歩いているときに、中の書類がスルッと横から落ちにくい。かといって、書類を出しづらかったり、入れづらかったりすることもないので使いやすい。

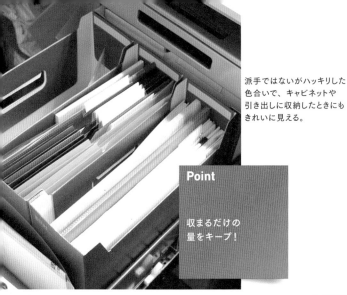

007 「よく使う筆記具」はトレーに置く

あえて横置きして、モノを増やさない

最近、「立てて収納」という整理法が人気です。

私も書類などは、「立てて収納」を実践しています。やはり、書類を平積みにしていると、下のものが取りづらくなり、仕事をやり残したり、資料が行方不明になってしまう可能性があるからです。

けれども、筆記具は立てません。平トレーに入れて、デスクの端のほうに横置きしています。トレーはハガキ1枚強のスペースを使用しますから、ペン立てに比べると、筆記具1本あたりが使用するスペースは多めです。

ただし、トレーに置くときには、絶対に重ね置きはしません。トレーの幅に収まる本数のみを置くルールです。ペン立てでは、いくらでも筆記具を入れられるので、私の場合は、いらないモノがどんどん増えてしまいそうで怖いです。

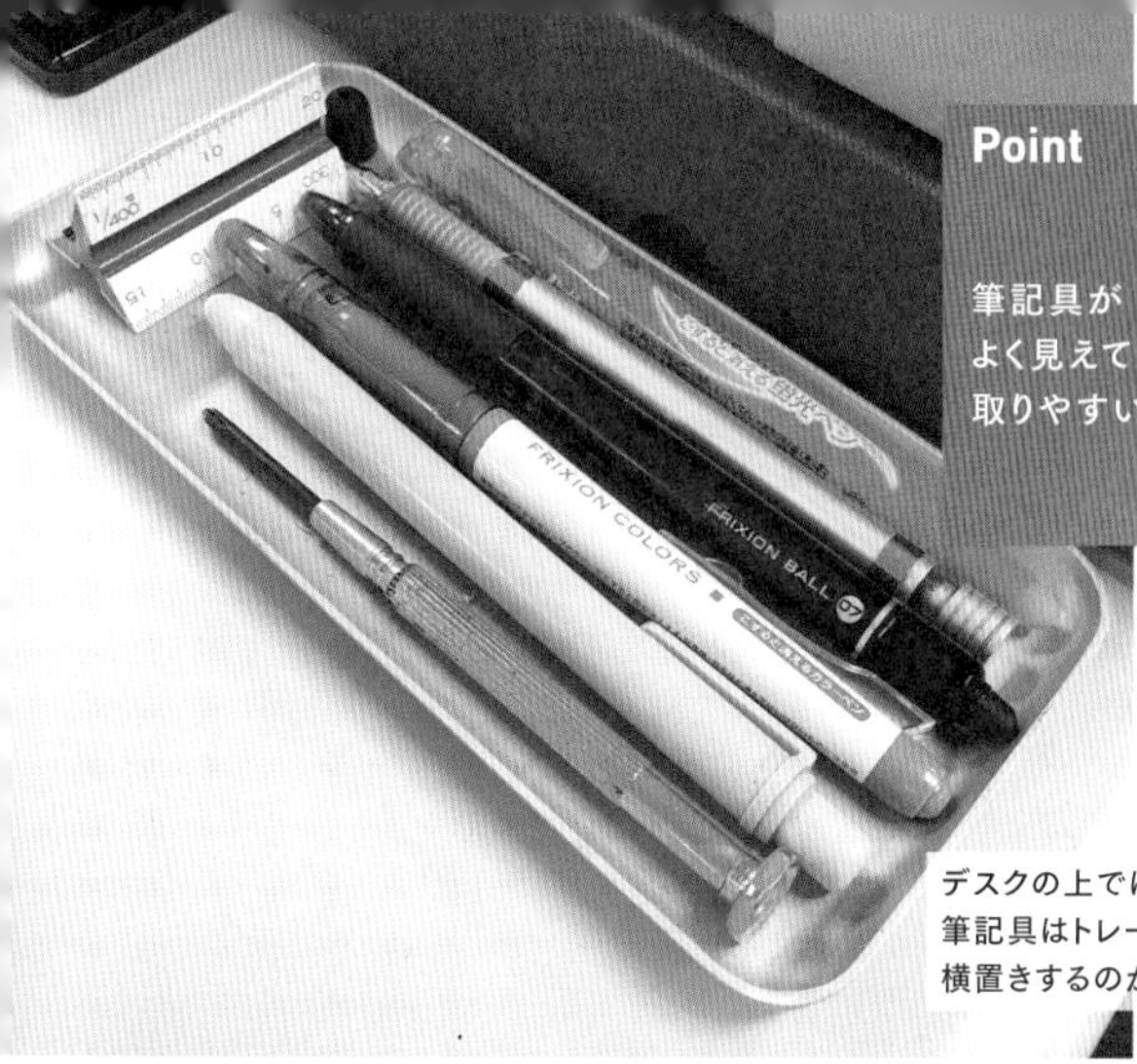

Point

筆記具がよく見えて取りやすい。

デスクの上では、筆記具はトレーに入れて横置きするのが基本形。

書類は、平積みせずに立てて収納する。

008

「収納できるモノ」だけ持つ

バッグのサイズ、形状に合わせて収納物を選ぶ

職場はフリーアドレス（自席が決まっていない）なので、「trystrams（トライストラムス）」というコクヨのデザイン文具ブランドのバッグに、パソコンを含めた全荷物を入れて持ち歩いています。これより大きな社内移動用のバッグもあるのですが、たくさんのモノを持ち歩きたくないので、いまのバッグに落ち着きました。

ノートは、打ち合わせ用、企画用などと分けずに1冊に集約しています。書類もアクティブなものだけをファイリングして持ち歩きます。

会議で使った紙の資料は、基本的にはデータが残っているので破棄します。会議で記録した内容や考えたことはノートに書いてあるので大丈夫です。ペンケースも持たなくなりました。

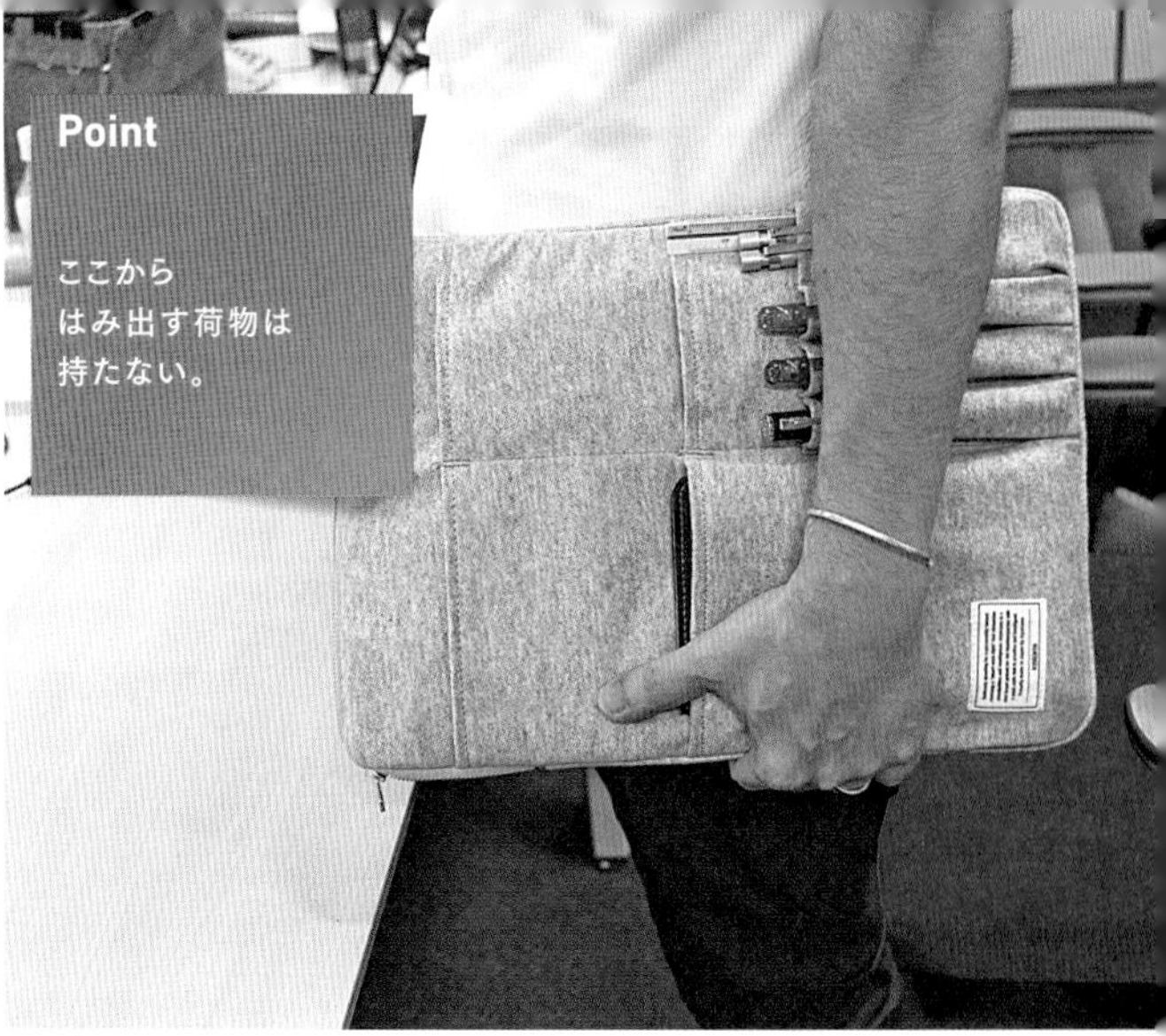
Point
ここから
はみ出す荷物は
持たない。

バッグの中身は、
ノートパソコン（13.3インチ）、
3種類のペン（記述に使うメインのペン、
マーカー用のペン、デッサン用のペン）、
三角スケール、折りたたみマウス、
ケーブル類、書類など。
収納する位置も決めている。

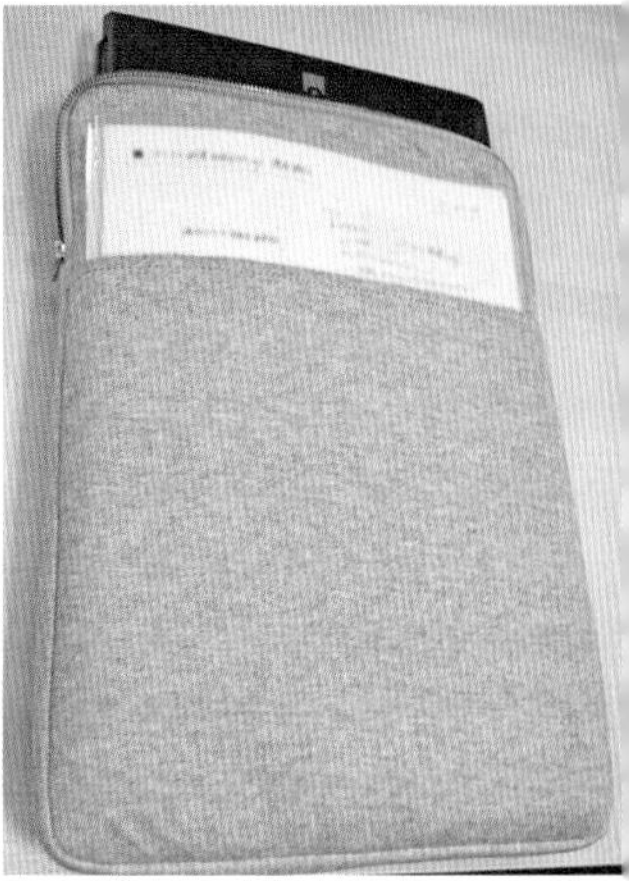

進行中の案件など、
よく使う書類のみファイリングして持ち歩く
（Ａ４サイズのクリヤーホルダーを使用）。

009

「引き出しは4分割」して使う

ざっくり居場所を決めて、あふれさせない

袖机（下まで引き出しの付いた机）の引き出しを4分割して使用しています。

①上段の手前は、「日々の調べものコーナー」（名刺、カタログ、コード表など）。

②上段の中央は、「仕掛かりコーナー」（進行中の案件のクリヤーホルダー）。

③上段の奥は、「過去の調べものコーナー」（直近3年分くらいのノートや資料など見返す可能性があるもの）。

④下段の引き出しは、「ほとんど見ないけれど保管の必要なもの」（研修資料、過去5年分くらいの資料やノート）。

この4分類に合わせて、書類をあふれさせないように収納（あるいは移動、廃棄）しています。これまで、総務系、ＳＥ、営業、販売企画と、4つの職種を経験していますが、いずれの職種でも、この方法で問題なく運用できました。

Point
ざっくりと
居場所を決めて
収納する。
KOKUYO
2017

写真は上段の引き出し。中央の「仕掛かりコーナー」の中で特に重要なもの（締め切りのあるもの）は、赤色のホルダーに入れて目立たせる。

010 こまごましたモノは「浮かせる」

マグネットフックとフックを活用して、空中に収納する

デスクの下、引き出しの壁面スペースに、コードやカサを掛けています。マグネットフックを使えば、空中も立派な収納スペースです。

しまい込まない（出しっぱなしの）収納ですから、使おうと思ったときに、すぐに手に取れるのが効率的です。

基本的には、手前から順に、よく使うものを配置します。デスク下の奥には、防災用ヘルメット（めったに使わないけれど、近くに置いておきたいもの）を置いています。床置きにしているとホコリがたまりやすく不衛生になりがちですが、吊り下げていると、それほど汚れません。

自宅では、ベルトやネクタイなど、こまごまとしたものを、置かずに浮かせて収納しています。ひとつひとつがよく見えるので、手に取りやすくなります。

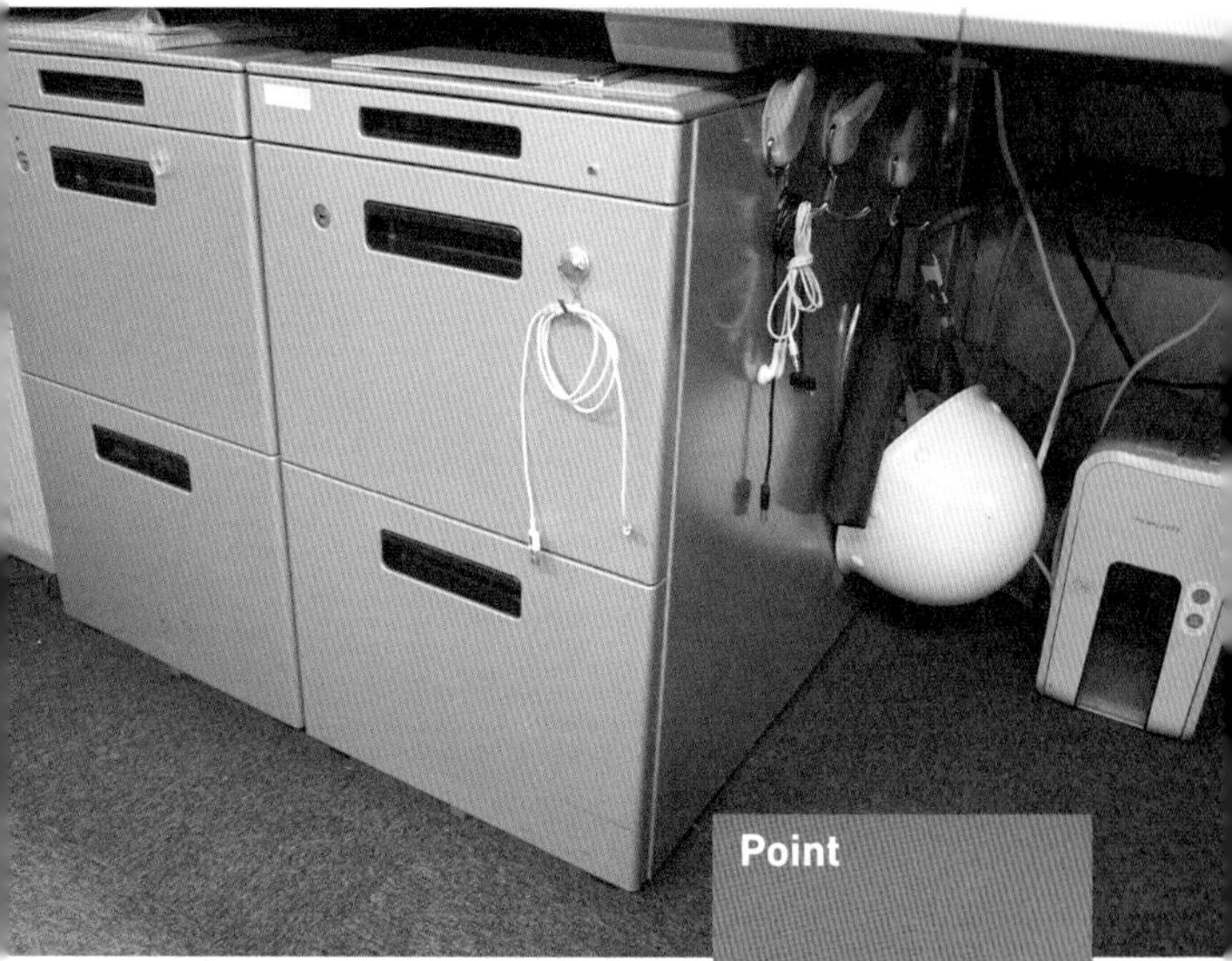

よく使うものを手前に掛ける。
一番使うスマートフォンの充電ケーブルは
引き出しの前面へ。

Point

移動ラクラクな
マグネットフック
に掛ける。

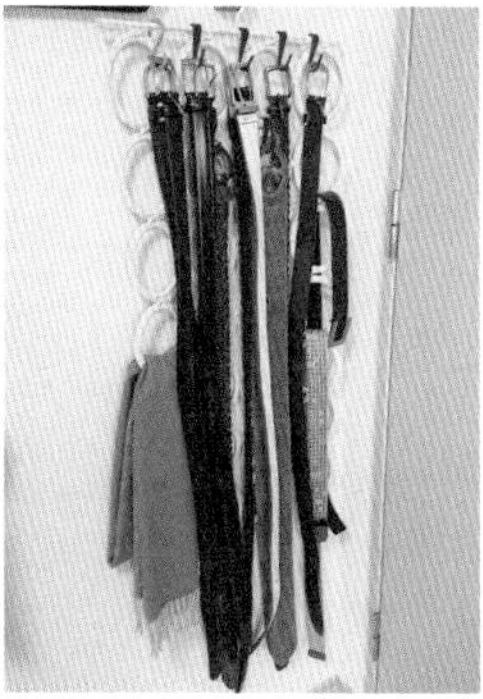

浮かせて収納すると、よく見えるので、
所持品のチェックもしやすい。
「増えすぎだな」とか「コレはちょっと
くたびれてきたから、そろそろ処分かな」などと、
メンテナンスのタイミングを逃さない。

011 収納物と家具の「サイズをそろえる」

収納物の「詳細なサイズ」と「数量」が重要

収納しようとするものが決まっている場合は、その幅・高さ・奥行きを考慮に入れて収納家具を選びます。収納物と家具のサイズがピタッと合うと、ムダなスペースができず、整理もしやすくなるからです。

以前、CDを収納していた引き出しの中に、ほどよいスペースを見つけて、つい、こまごまとしたモノを入れるようになってしまいました。その結果、ぐちゃぐちゃになって、聴きたいCDを探すのもひと苦労……という苦い経験をしました。

たとえば、自宅でもオフィスでも、ファイルボックスを収納するときには、「ファイルボックス○個分」を計算してから、収納棚のサイズを決めています。隙間がなければ、本来そこにあるべきではない余計なモノを入れようとはしません。見た目もとてもきれいです。

ファイルボックス8個分にピッタリ合わせたオフィスの棚。

Point

適正なサイズの
家具に収納すれば
乱れにくい。

CD ケースを収納することを目的にして、深さをピッタリ合わせた引き出し。

012 カバンの中身は「A5でそろえる」

「入らない」という抑制力のおかげで身軽になれた

A5サイズのカバンを持つようになって、これに合うサイズの荷物だけを持ち歩くようになりました（正確に言うと、ほんの少しA5サイズより大きいカバン）。

「入らない」という抑制力が働いて、強制的に持ち物を減らすことになったわけですが、このカバンに変えて以来、実に、身も心も軽くなりました。

特に、夏の暑い時期、混んだ電車に乗ったときなどは、カバンがコンパクトなだけで、涼しさすら感じられます。

基本、カバンは手に持たず、片方の肩にかけるか、斜めがけしています。

チラシや薄い冊子など、A4サイズのペーパー類を持っていることもありますが、そのときは、2つに折ってからカバンに入れています。

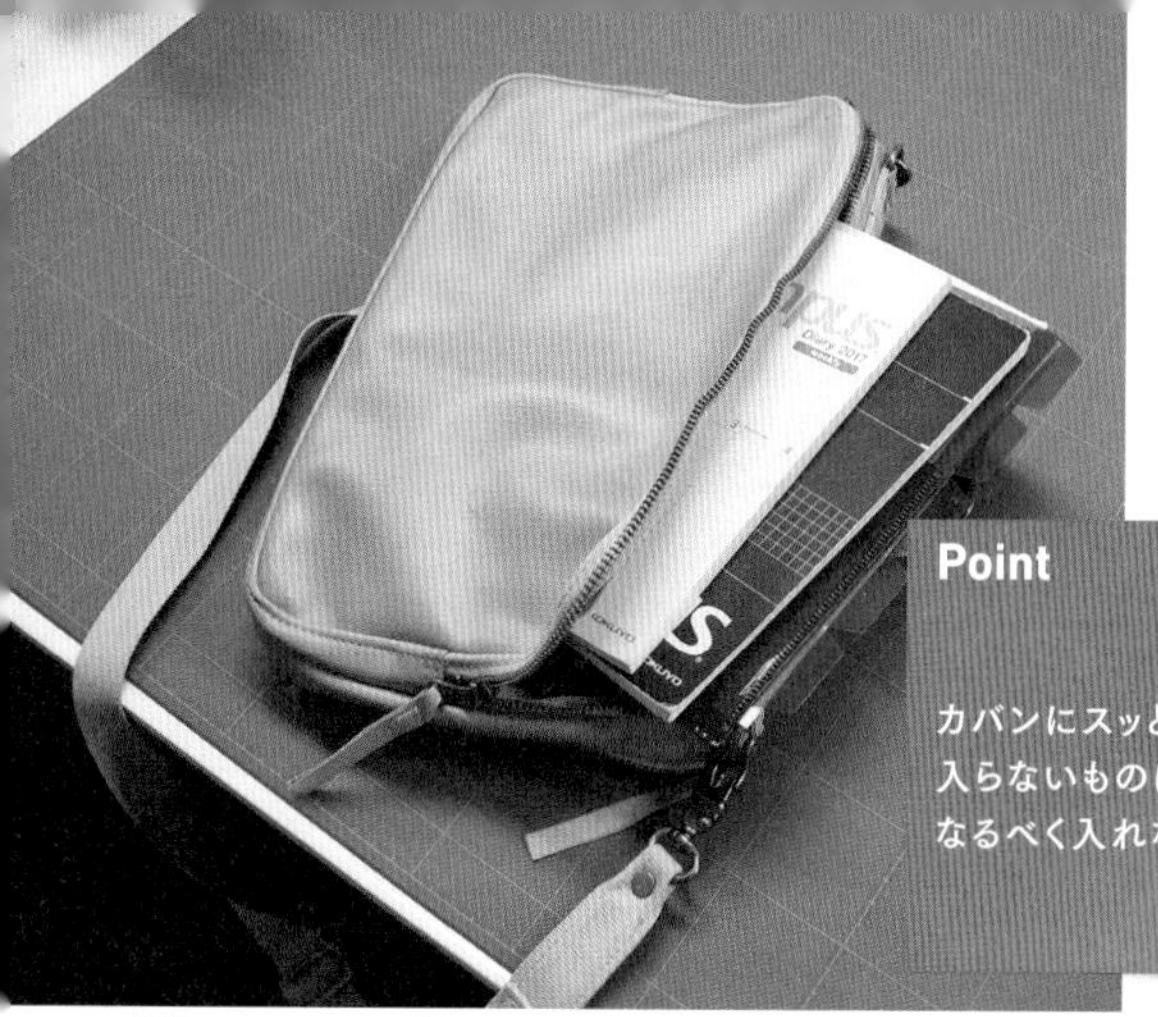

Point

カバンにスッと
入らないものは
なるべく入れない。

書類やノートなど、荷物はすべてA5サイズ以下で
そろえる。A4サイズの紙類は折って収納する。

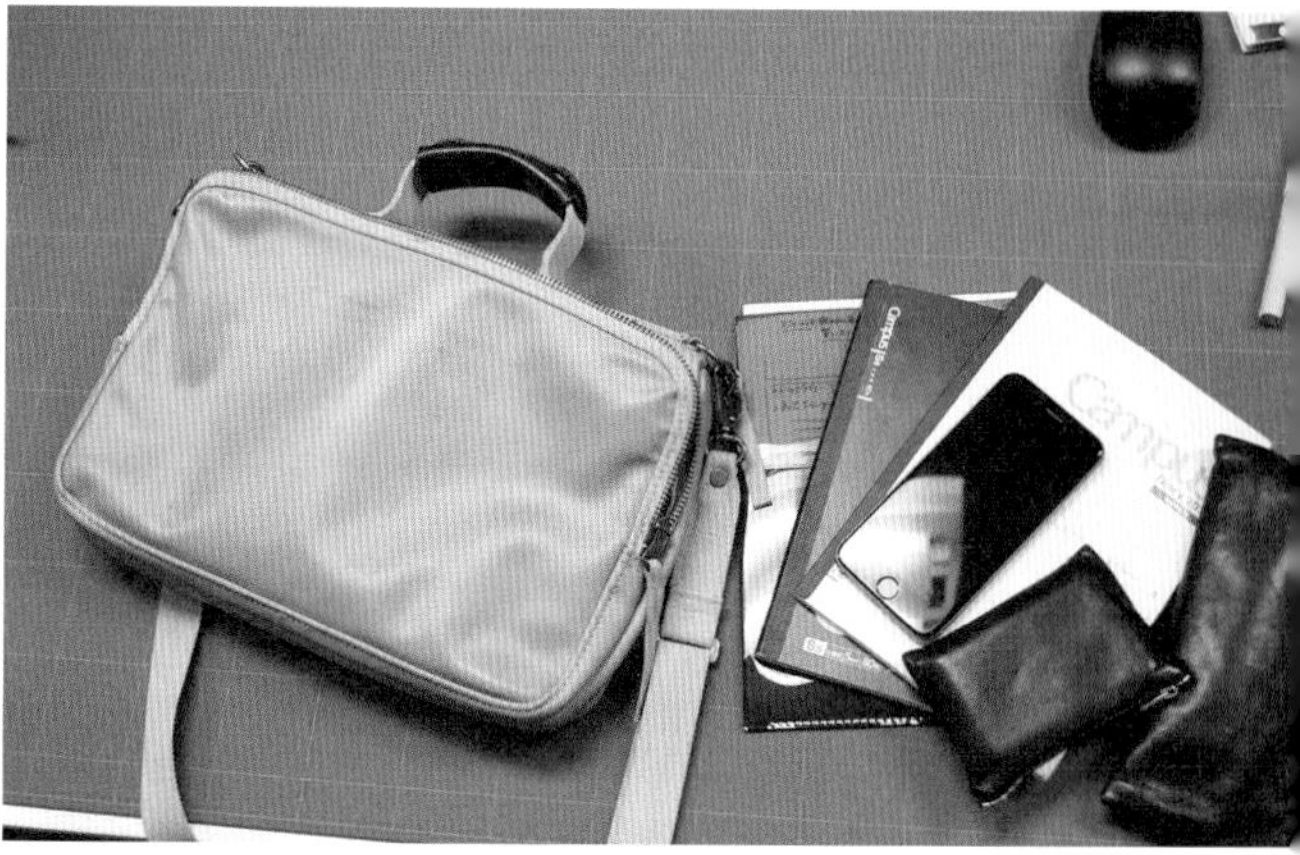

これだけ入れても、まだ余裕がある。
通勤中に読む本や折りたたみ傘も入る。

013 ペンは「ノートのリング」に収める

リングを広げてペンを削れば、カスタマイズ終了！

仕事で使うノートは、長年、ほぼ同じタイプのものを使っています。使うペンも同様に、同じものを愛用しています。通常、この2つの文具は、いつも一緒に持ち歩いています。

使っているノートがリングタイプなので、このリング（針金）の部分を手で広げて、リングの中にペンを収納しています。リングのサイズは簡単に広げられますが、広げすぎてしまうと、ノートの開閉に支障が出ますので要注意です。ペンのほうも、クリップ部分の内側を薄く削って調整しています。

いつも必ず持ち歩いている文具ですから、セットになっていると、どちらかをどこかに忘れるという心配がなくなりました。また、ペンがノートの中に収納されたことで、ポケットなどにも気楽に入れられるようになりました。

Point

ノートとペンが
一体化すると、
省スペース＆
持ち歩きやすい。

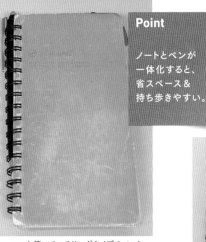

いつも使っているリングタイプのノート。
リングの中に愛用のペンが収まる。

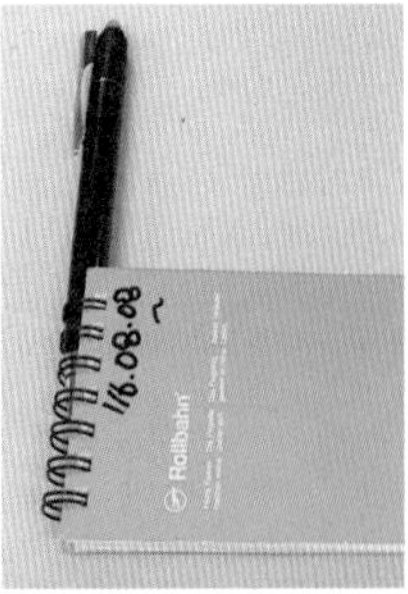

通常のリングノートのリングには、
奥までペンは入らない。

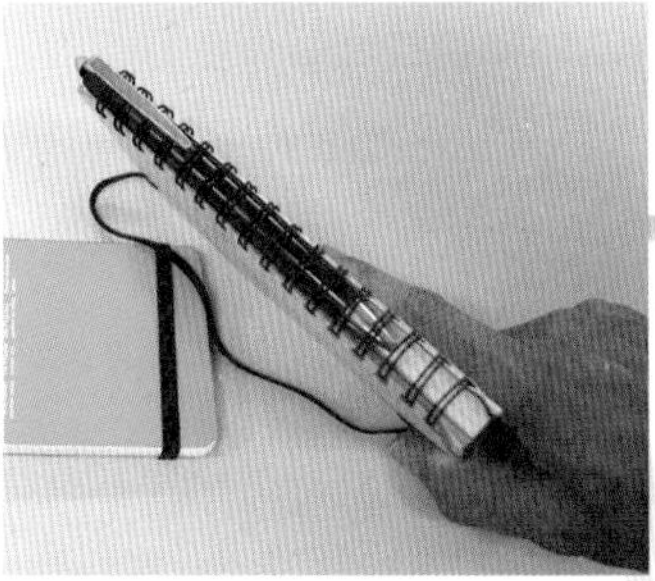

手作業で伸ばしているので、
よく見ると、リングの大きさが
微妙に異なる。

ペンのクリップ部分の内側を少し削り、
リング内を出し入れするのがスムーズに
なるように調整している。

014 すぐ手の届く場所に「しまう」

ほんの少しの手間、「いちいち～する」を減らしたい

よく使う文具や小物はデスクの引き出しにしまい込まず、デスク上に置いておくのが使いやすいと思います。けれども、さまざまな形状のあらゆるモノを出しっぱなしにしておくと、見た目がイマイチで……。かといって、引き出しに収納してみると、いちいち取り出すのが面倒でした。

試行錯誤の結果、デスクの上には「本当に使う文具だけ」を厳選して置くことにして、それ以外は、デスク上に置いた収納アイテム（引き出し）の中に放り込んでおくことにしました。

この引き出しも一応、デスクの上にありますから、手を伸ばせば、すぐに目的のモノを出せます。普段は中が見えないので「ゴチャゴチャしていてイヤだな～」というストレスも感じません。ざっくり収納できる点も気に入っています。

引き出しの上には、カタログやファイル類の収納スペース。デスク上の貴重なスペースを有効に活用している。

Point

余裕たっぷりの
深めの引き出しに
ザクッと収納！

引き出しを閉めれば、
スッキリ！

015 「必要なものだけ」カバンに入れる

準備の漏れがなくなり、商談もスムーズに進行する

以前は、あれもこれもと、使わない資料も入れていたため、カバンが非常に重くなり、それが肩こりや体に不調をきたす原因になっていました。そこで、それを改善すべく、できるだけ軽量のカバンを選び、その中身も見直しました。

本当に必要なものだけを持ち歩くために、事前に商談シミュレーションをすることを習慣にしたところ、まず、用意する資料の漏れがなくなりました。

また、商談で確認する項目を事前にシミュレーションしながらシステム手帳に書き込んでいるので、お客様の前でメモする時間を短縮できます（たとえば新築ビルの施設を確認する際は「オフィス、会議室、更衣室、食堂……」と事前に書き込んでおくので、現場では○×や数字のメモだけでOK）。余裕を持って動くことで、さらなる提案も可能になり、成果につながっている実感があります。

Point

成果につながる
カバンは準備が
重要！

iPadとシステム手帳。商談メモは、めいっぱい書きたいので、手帳はA5サイズ。軽量化のため、バインダータイプを使用し、2カ月に一度は入れ替えを行う。

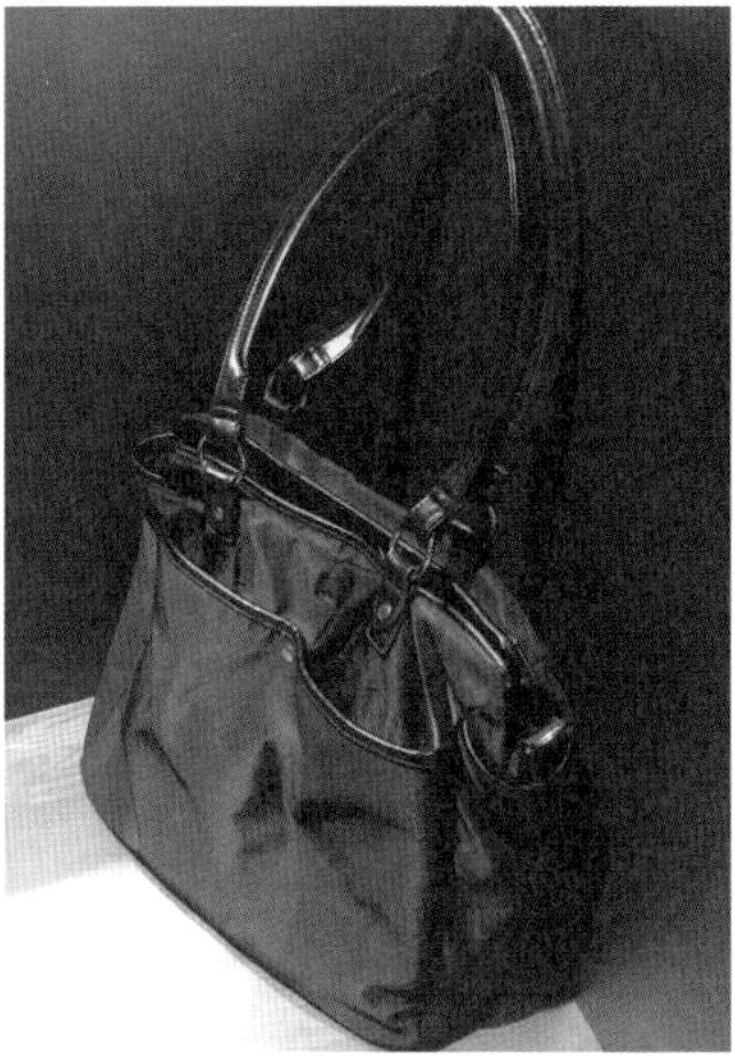

すべてを入れた状態の営業カバン。
軽い素材を選んでいる。

名刺入れとハンカチは
予備を持っている。

商談用資料と地図。

016

立たせて「収納する」

立ててスッキリしそうなものは、立ててみる

自宅のデスクの上には、収納ボックスとペン立てをひとつずつ置いて、それらにこまごまとしたものを立てて収納しています。スキャナーなどの電子機器も、立ててみれば、スッキリ収納できます。現在、使っている収納ボックスはスリムでコンパクトに見えますが、中身は盛りだくさん。このまま居間のテーブルに持って行くだけで、ちょっとした仕事場の完成です。

あちこちに散らばりやすいスマートフォンなどのケーブル類も、ペンケース「ネオクリッツ」にまとめて入れて、立てて収納しています。

ケーブル類は、何気なく置いておくと、上にモノがかぶさって、いつのまにか姿が見えずに行方不明……という悪いパターンになりがちなモノの筆頭です。ですが、立たせて収納しておけば、そういう事態も防ぐことが可能です。

収納ボックスはIKEAの製品。
軽くて丈夫で気に入っている。

Point

立たないものも
何かに入れて
立ててみる！

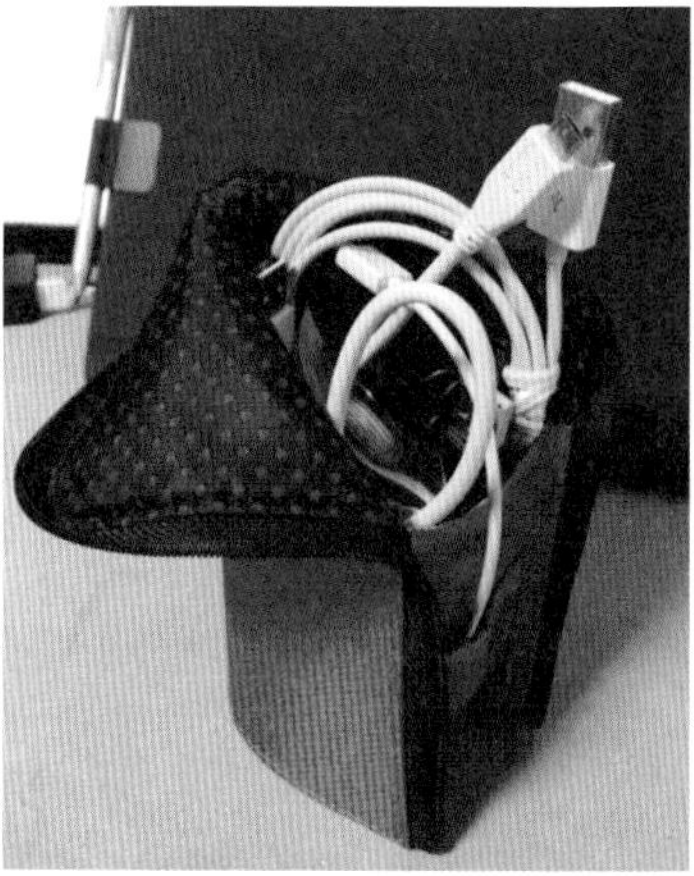

立てられるペンケース「ネオクリッツ」は、
文具以外のものを入れても大活躍。

017

「モノの住所」を決める

外泊禁止！　必ず自宅に帰ってもらう

私は自分の個人スペースの「片づけ」をしたことがありません。といいますのも、これまでに「散らかした」という経験がないからです。

整理や片づけによって生産性は上がります。ですが、その整理や片づけをしている最中は一時的に生産性が下がっているはずです（整理に費やす時間には生産性がないため）。そして、片づけ後の状態をキープしなければ、徐々にまた、生産性は低下します。ですから「片づけをしなくてもいい環境」、つまり、常に片づいている環境にすることが重要です。そのコツは、「モノの住所を決めること」。使う目的・頻度・サイズ・専用（共用）によって、モノの住所（＝収納場所）を決めます。

即決できなければ、ホテル（＝仮置きボックス）に泊まらせますが、連泊は禁止です。使い終えたモノたちは必ず帰宅させ、外泊は禁止です。

Point

すべてのモノの
住所を決めて、
そこに届けてあげる！

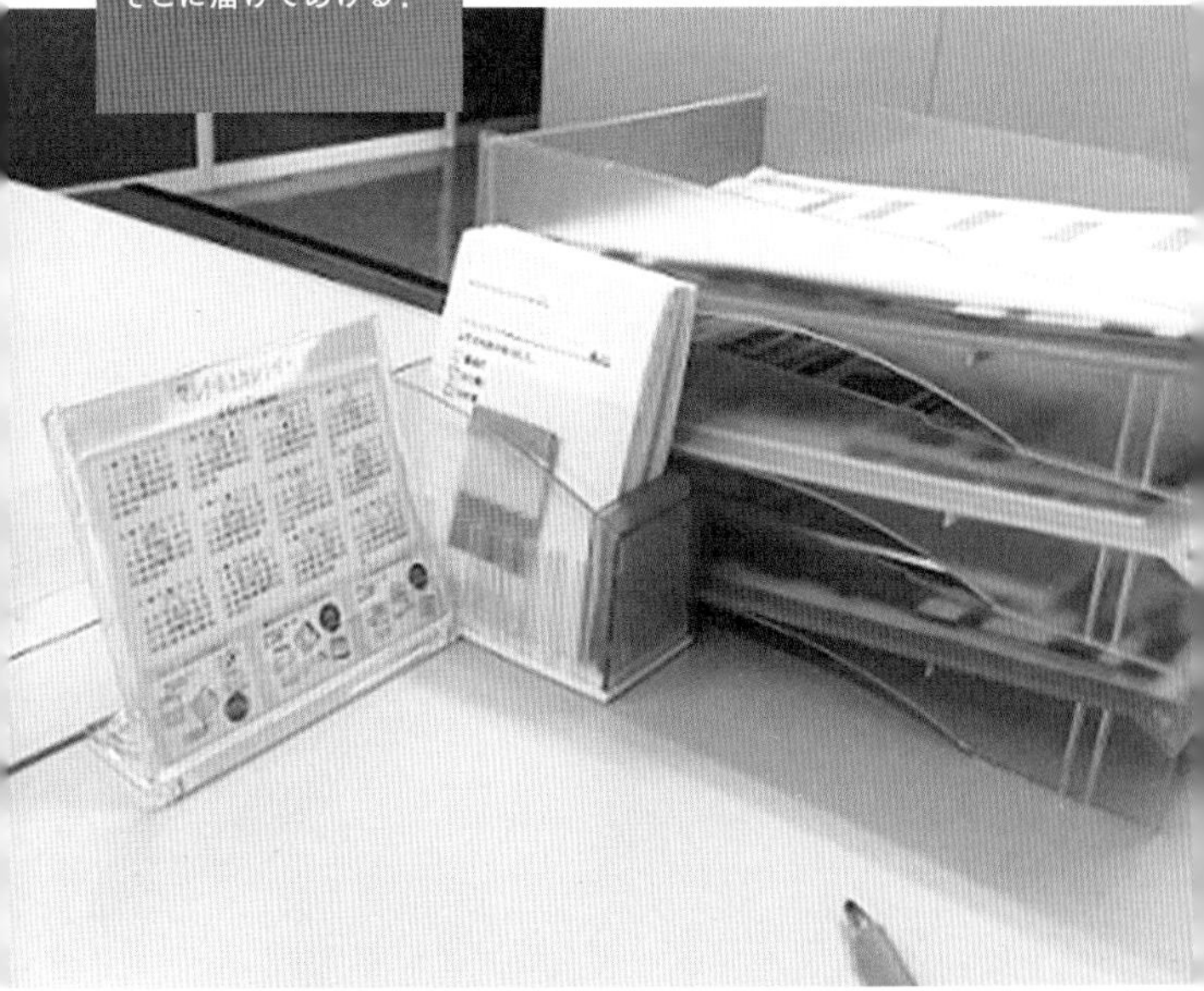

3段トレーに収納している書類の内訳は、上段が「日次業務や現在進行中の関係書類」、中段が「月次業務や月内納期の関係書類」、下段が「通期にわたって使い続ける書類」。すべての住所（収納場所）をきちんと決めている。

018 バッグがパツパツになったら整理

収容量をオーバーしそうになったときが整理のタイミング

整理のタイミングは、社内移動用バッグ「mo・baco（モバコ）」からモノがあふれそうになってきたときです。

タスク中（案件が動いている最中）は、そのタスクの書類をパソコン内にデータで持っていたとしても、印刷し、紙の状態でクリヤーホルダーにファイリングしています（手元にあったほうが、すぐに見て確認できるため）。

なので、整理のメイン作業は、モバコの中に終わったタスクのクリヤーホルダーや資料がないかを確認して、あれば廃棄することです。

余分なものは持ちたくないので、空っぽになったクリヤーホルダーは個人では所有せず、職場のリユーストレー（再利用コーナー）に置きに行きます。この一連のシンプルな運用を守ることが、仕事のしやすさにつながっています。

バッグの中が、このように整った状態になっているのが望ましい姿。

019 バッグは「中身も立たせる」

目的のモノが見つけやすく、スマートな印象に

デスクや床に置いたときに自立するバッグを使っていますが、そのバッグの中身も、それぞれ立っています。

書類や文房具、財布、名刺、iPadなどのこまごまとしたものは、「バッグインバッグ Bizrack（ビズラック）」に入れて立たせています。収納力があるのに厚みが出ないところが気に入っています。

そして、コード類や医薬品などの小物を入れた2つのポーチも、厚みがないものを選んでいるので、立たせるイメージでバッグに差し込めます。

バッグの中に立てて収納していると、どこに何が入っているかがひと目でわかります。中でモノが行方不明になったり、バッグをひっくり返してモノを探すことがなくなりました。バッグ自体もゴロゴロせずに、スマートな印象です。

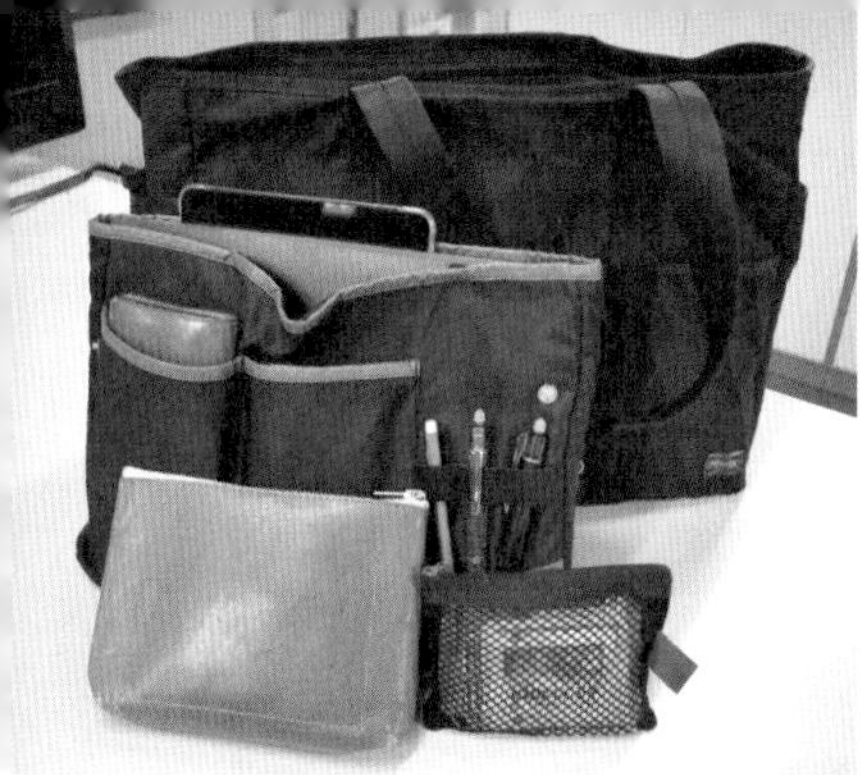

Point

厚みのない
ポーチに入れて
差し込むように
バッグに入れる！

タテに差し込むように収納すると、
ほかのモノの下に潜り込んで
行方不明になる心配がない。
ポーチの素材は、フニャフニャ
しない張りのあるものを選ぶ。

020

「捨てるルール」を決める

5つのルールを決めて、自動的に書類を減らす

ルール①　捨てるルールを決める～整理の度に悩んでいると、結局、何も捨てられないので、「見積書は捨てる」「仕様書は残す」などと具体的に決めます。
ルール②　2年間閲覧ナシ&利用しなかったものは廃棄～過去の試験結果やサンプル、書類などで、直近2年以内にまったく使わなかったものは廃棄します。
ルール③　躊躇なく捨てる～いつか使うから、誰かにあげるかもしれないから、といった根拠のない「あてのない未来」のためにモノは残しません。
ルール④　定期的に机上をチェック～机上の書類を2週間に一度チェックします。仕事のヌケ・モレを防ぎつつ、処理済みの書類を見つけたら整理します。
ルール⑤　ファイルボックス1個に収める～書類が増えてもファイルボックスは増やさず、「ファイルボックスは1個」と決めて、書類を一定量に保ちます。

Point

進行中の書類は
ファイルボックス
1個だけ！

進行中の案件を入れるファイルボックスは1個と決める。
保管できる書類の量を一定に保つ必要があるので、
使っていない書類は必然的にデータ化、もしくは処分する。

021 「薄さ」を優先する

選ぶときには、より「薄いもの」を選ぶ

新しくモノを買うときには、「なるべく薄いもの」を選びます。薄いものは、収納方法にバリエーションがあるからです。

たとえば、薄いノートパソコンは、本棚に本を差すように立てて収納することが可能です。見た目もスッキリしますし、ホコリもかぶりにくくなって衛生的です。「うっかり、パソコンの上に重いものを落としてしまった！」という失敗も起こりません。

また、立てて収納すると、それぞれの収納物がよく見えます。薄いものを重ねて収納した場合は、下になっているものがよく見えませんよね。

薄さの理想は10ミリ未満です。最近では、モバイル関連機器などにも、ずいぶんと薄い製品が登場しています。「薄いもの」の選択肢が増えてうれしいです。

Point

薄いものは
本のように
立てて収納できる。

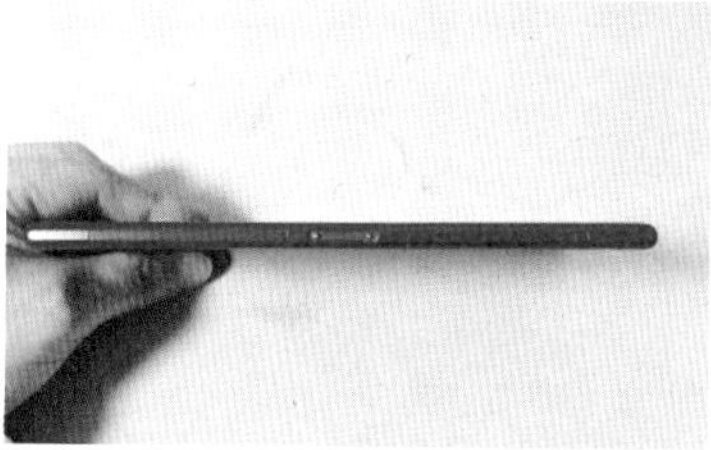

同じ機能で同じ薄さのものなら、
少し高価でも、軽いものを選ぶ。
いざというときに持ち運びしやすいため。

022 書類は4枚を「1枚にまとめる」

コピー機の編集機能を活用して、物理的に紙を減らす

入社して以来、現在まで、ずっとフリーアドレス環境で仕事をしています。よって、自分のデスクを持った経験がありません。

そのため、日々、所有物を減らすことを意識し、案件が終わったタイミングで、保管が必要な資料（最終の見積りや図面など）以外のものは、すべて処分します。

ですが、案件の途中でも、資料は増えていきますので、極力スキャンしてデータ化し、iPadで見られるようにサーバーに保存します。

それでも手元に紙資料として持っておきたい書類が出てきた場合は、A4サイズの用紙の両面に、それぞれ2段になるように縮小&両面コピーを行います。A4横サイズの書類であれば、片面2ページ分、両面で4ページ分を入れられるので、枚数としては「4枚→1枚」に減らせます。

Point

4in 1で
用紙を
3枚減らす。

A4書類　4枚

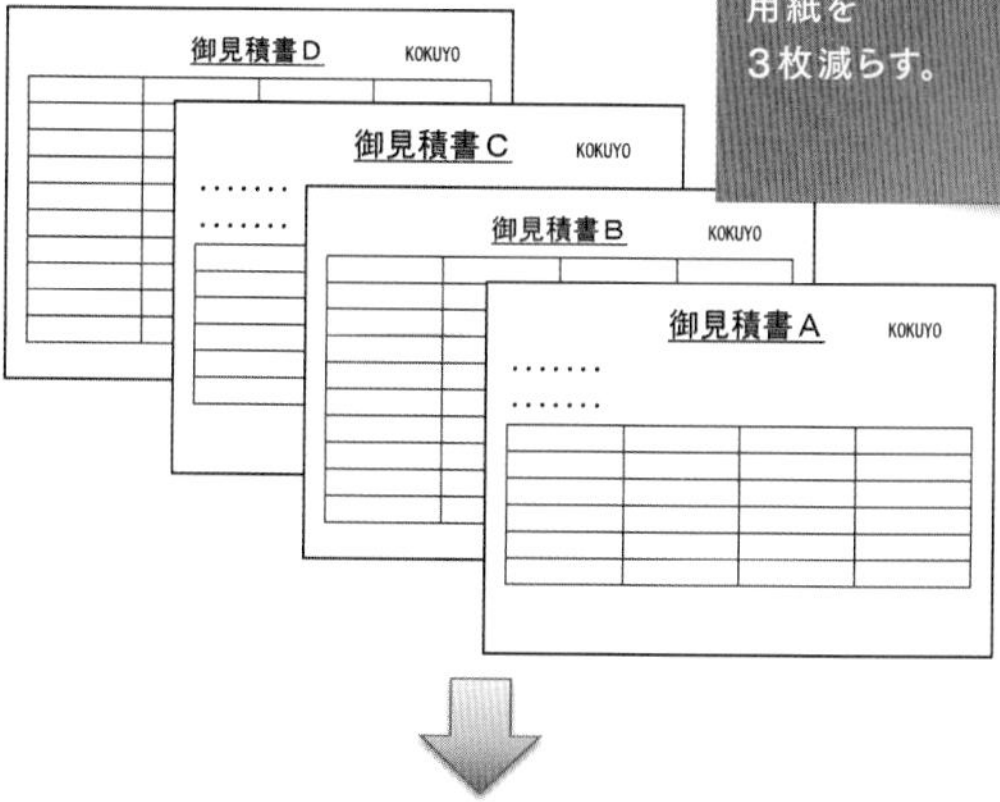

A4書類　1 枚（表と裏）

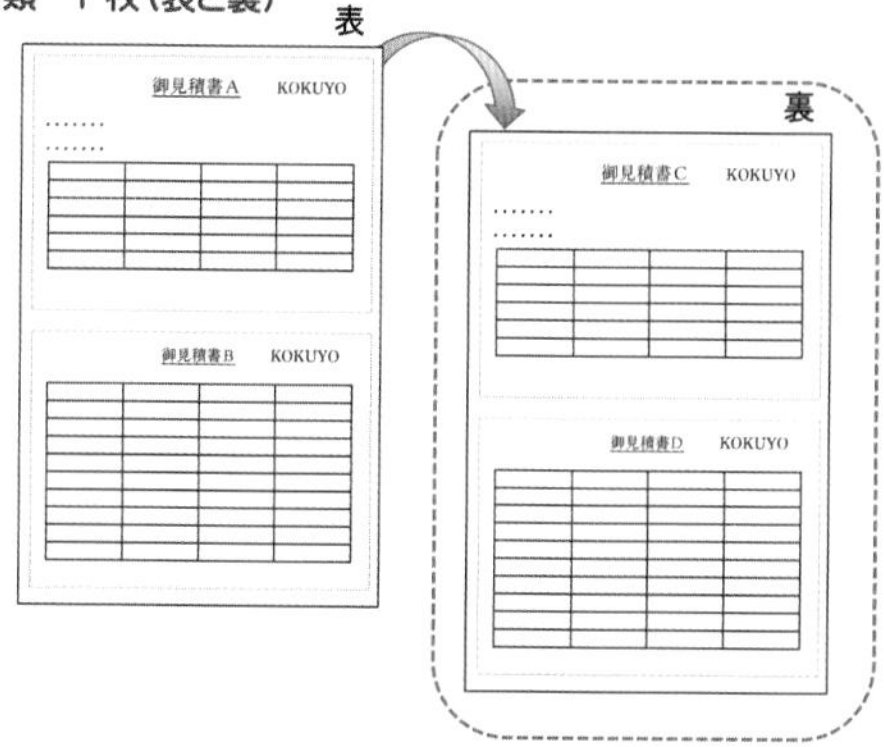

コピー機の機能を使えば、ラクラクまとめられる。

023 用途を「色で分ける」

「捨てること」を念頭に置いて仕分けする

増えるばかりの書類を減らすために、4つの個別フォルダーに仕分けをして、不要な書類を洗い出します。4つの個別フォルダーの内訳は次の通りです。

①廃棄（古紙）～不要で、古紙として出す書類。
②廃棄（シュレッド）～不要で、シュレッダーにかけて廃棄する書類。
③とりあえず仮保管～ファイリングするか廃棄するか、すぐに判断できない書類。
④後でファイリング～後でファイリングする書類。

個別フォルダーにはラベルも付けますが、異なる色のフォルダーを用意して色分けして使ったほうが、感覚的に「これはミドリ（廃棄）、ムラサキ（仮保管）……」などと仕分けしやすいです。フォルダーに仮保管した書類は、ちょっと時間を置いてから、まとめて処理します。

Point

仕分けして
不要な書類を
洗い出す！

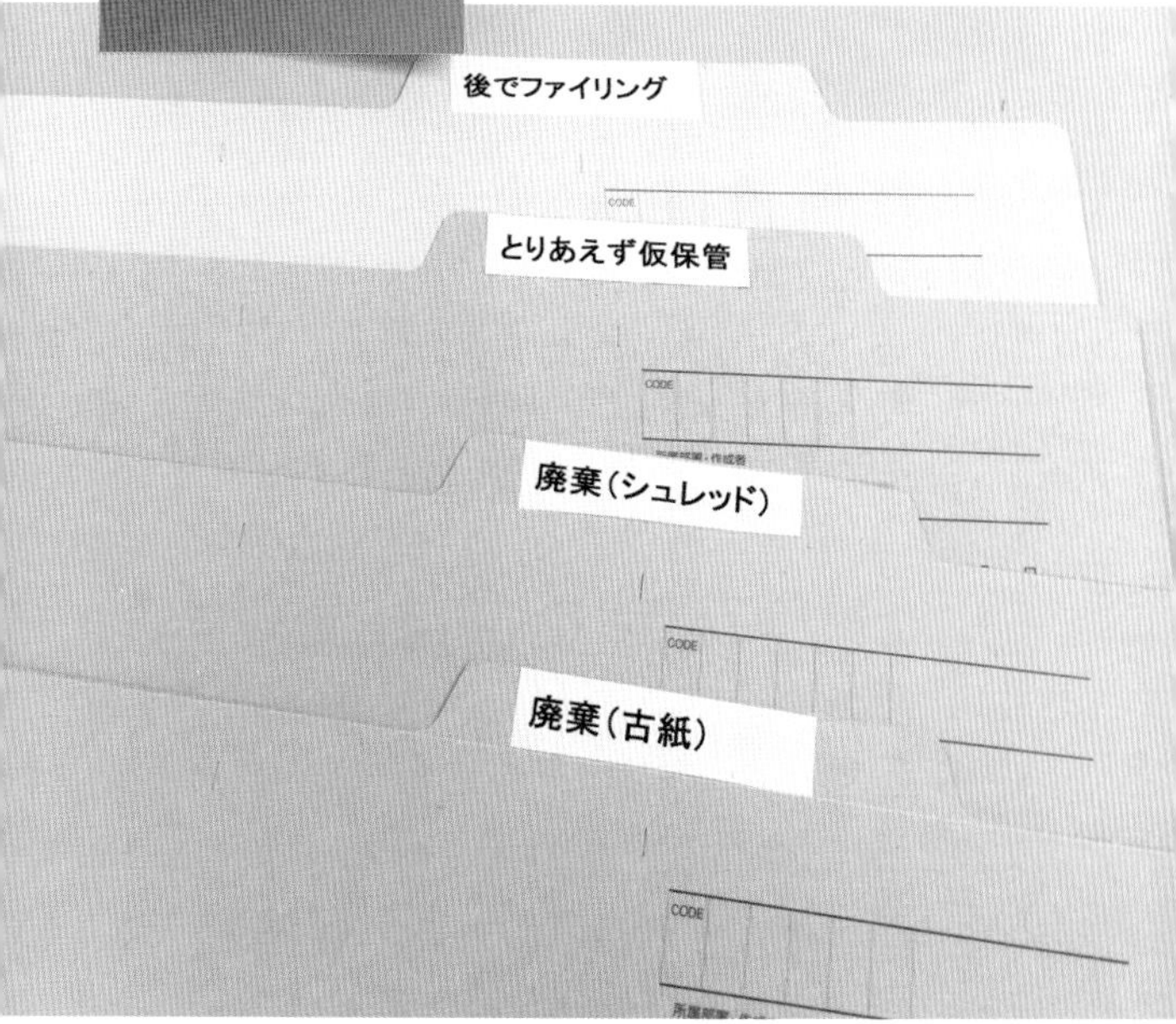

4つのうち、2つのフォルダーが「すぐに捨てられる」書類。
仕分けしてみると、案外、多い。

024

「2サイズのダブルクリップ」を使う

いくつもある案は「小」で、それらを「特大」でひとまとめにする

仕事柄、作成途中の企画書や提案書を複数抱えています。

これらはすべて締め切りがあり、スピードも求められますから、いちいちファイリングしている暇もありません。だからといって、何もせずに資料をなくしたり、探したりするムダな時間もかけたくありません。そこで、ダブルクリップを使ったシンプルでわかりやすい整理法を実践しています。

まず、何案もある作成中の企画書（提案書）は、1案ずつ、ダブルクリップの「小」でとじます。次に、それらの「小」でとじられた複数の案をまとめて上から「特大」のダブルクリップでとじます。これで1セットできあがりです。

シンプルな運用であり、かつ、収納に必要なスペースも最低限度で済みます。そして、書類を廃棄する際もダブルクリップを外すだけなので簡単です。

ダブルクリップは
「小」と「特大」の
組み合わせが
使いやすい。

Point

特大＆小の
ダブルクリップを
ダブル使いする！

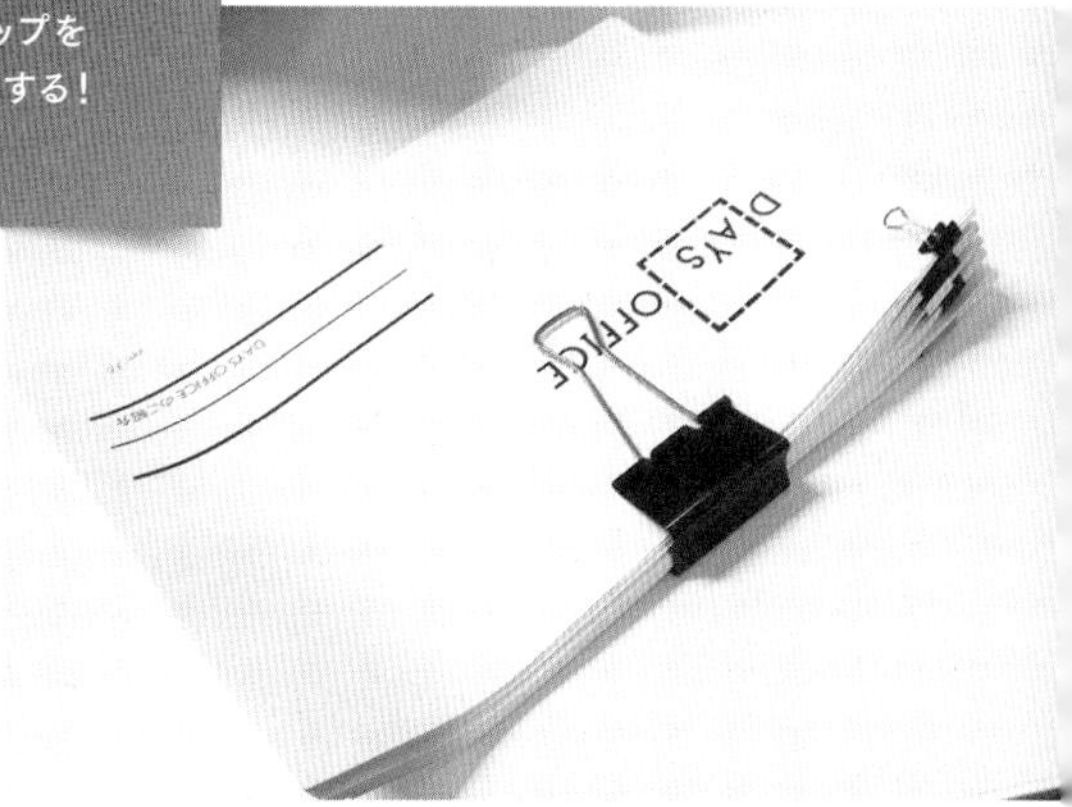

複数の「小さいまとまり」を
特大サイズのダブルクリップで、
ひとまとめ。

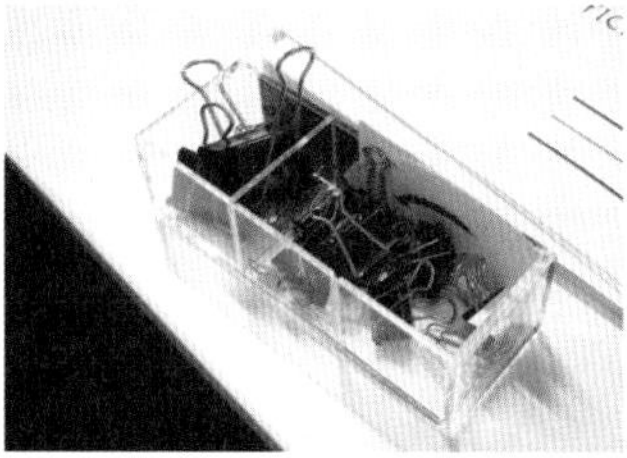

収納時は、ざっくりと
サイズ分け。

025

クリップは「磁石でまとめる」

手に取るのも、しまうのも、ワンアクションで効率的

マグネットタイプのクリップ入れを、ワゴンの引き出しの前面にくっつけて使っています。

厚みがないタイプのクリップ入れなので、引き出しの中にも収納できるのですが、裏面が磁石になっているので、スチール製のワゴンや壁面に取りつけることができます。

また、表面（クリップを入れる側）も磁石になっているので、ケースが垂直になってもクリップは落ちず、くっついたままです。

深さのあるケースに入れてしまうと、ひとつずつ、つまみ出すのが面倒ですが、フタもなく、常にオープンな状態になっているので、使いたいときにパッと手に取れて、しまいたいときにペタッとくっつけられて、作業がとてもスムーズになりました。

Point

オープンな
状態だから
すぐ手に取れる。

マットな質感のクリップ入れは、コクヨのデザインブランド「trystrams」の製品。
クリップはケースの外側に広がるようにくっつくので、取りやすい。

026

引き出しの「収容量」に合わせる

少なすぎず、多すぎず。「ほどほど」の量が使いやすい

ワゴンの引き出しの収容量に合わせて、モノの量を調整しています。文具は、ワゴンの一番上の引き出しに、「入る分」を入れています。ここからあふれる文具は所有するのを諦め、共有スペースの文具を利用します。反面、スペースに余裕がある場合は、使う頻度が少なめの文具も入れたままでもいいかな、と思っています。ワゴンの一番下の引き出しには、カバンをしまうスペースもとっています。床置きしたくないのと、ワゴン前に置くと、ほかの荷物が取りづらくてジャマなので、この位置になりました。

収容可能な量を基準にモノの量を調整しているので、ワゴン全体が、ほどほどに埋まっている状態です。帰宅時にノートパソコンやケーブルを収納するスペースも残っていますから、「ほどほど」な状態は、とても使い勝手がいいです。

引き出しのスペースに合わせて
文具をセレクトしているので、
これ以上にも、これ以下にも
ならない。

Point

そこに入る
「ほどほど」を
めざす！

下の引き出しにも、
キツキツでもなく、
スキスキでもなく、
ちょうどいい分量を
収めている。

027 「手帳兼ノート」を1冊持ち歩く

書くスペースの増量 or 減量が自由自在の手帳兼ノート

Ｂ５サイズのバインダーノート（ルーズリーフを入れて使うもの）を、手帳（スケジュール帳）兼ノートとして使用しています。スケジュールやメモ書きは、これにまとめているので、この1冊だけを持ち歩けばよいのでラクです。

以前は、仕方なくノートと手帳を買っていました。その後、ノートをやめて手帳だけを買うことにしたら、月ごとに付随するページだけではメモをとるスペースが足りない、あるいは余ってしまう……。

こうした中途半端な使い方をすることに納得がいかなかったので、使用法を検討し、現在のルーズリーフの運用にたどり着きました。

「今月は打ち合わせが集中して、メモのスペースが足りない！」というときにも、ルーズリーフなら、すぐに補充できるので便利です。

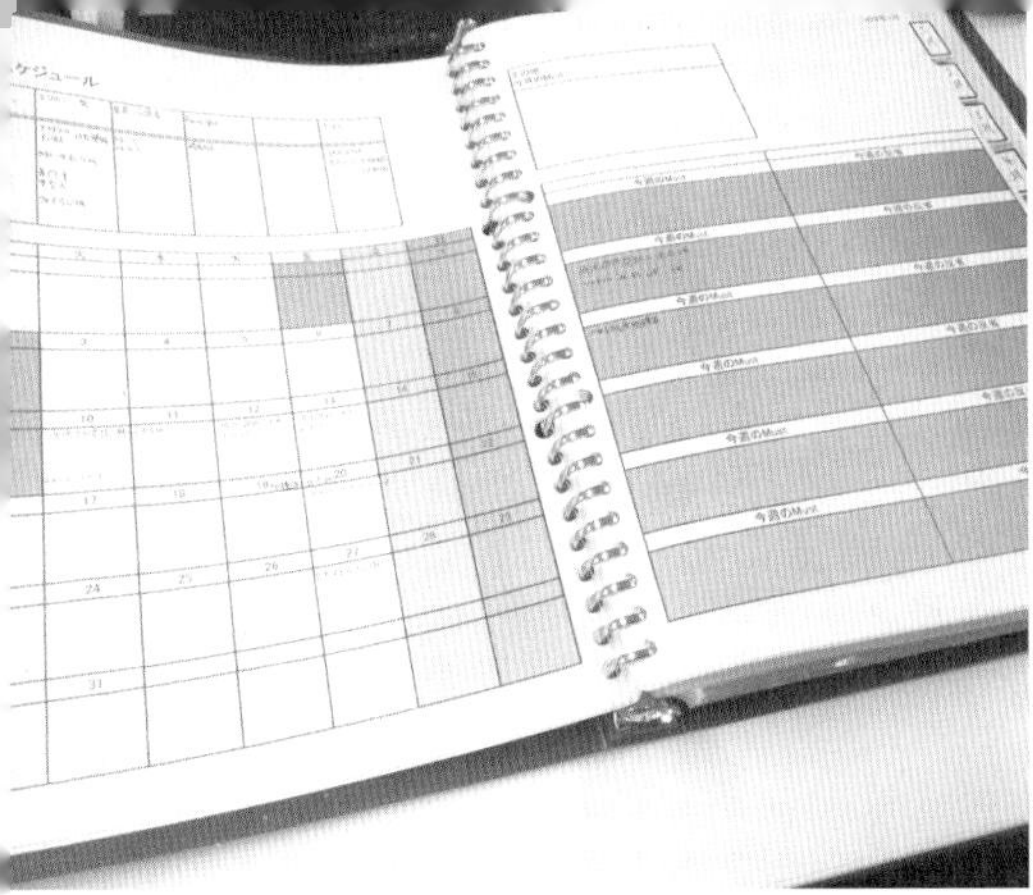

スケジュールは Excel で自作。
各月の見出しとなるインデックスも
つけている。

Point

ルーズリーフで
自分好みの
ページ数を実現！

メモを書くためのノート部分。

「キャンパス バインダーノート
（ミドルタイプ）」の赤を使用している。

028 「捨てる」をルーティン化する

定期的に「書類整理の日」を決めて、書類の量をコントロール

仕事をしていく中で、必要なもの（書類、モノ）を探す時間が短縮できると、大幅な生産性アップが実現できると考えています。そのため、不要なものを極力減らすために、「書類整理の日」を決めて、定期的に整理しています。

整理の方法は、人と変わったことは特別していません。手元にある書類を確認し、必要な書類はファイルサーバーに保管します（紙ベースのものはスキャンしてデータ化。紙では保管しません）。

①毎週金曜日に1週間分の書類を整理して、不要な書類を廃棄する。

②月初め（3営業日以内）に書類整理と保管庫の整理・清掃を行う。

これが書類整理の日に行うことです。手元の書類をとにかく保管庫へ運び、ため込んでしまっては本末転倒なので、保管庫の整理も組み込むようにしています。

Point

毎週金曜＆月初めに
捨てる＆清掃！

保管庫は、いつもスッキリ。

029

「折りたたみ傘用コーナー」をつくる

散らかっているのは、みんなが困っている証拠

営業職なので、コンパクトに持てる折りたたみ傘を使うことが多いです。ですが、帰社時に、濡れた傘を置く場所に悩んでいました。結局、設置されている長傘用の傘立ての下のほうにグシャッとまるめて置いてしまうことが多かったのですが、正直、あまり気持ちのいいものではありませんでした。

オフィス内には、濡れた傘を自席に持ち込んでいる人もいて、床が濡れたり、汚れたり、景観もよくありませんでした。そんなとき、「折りたたみ傘専用の傘立てが存在する」という情報を聞き、すぐに導入してみたところ、とても使い勝手がよく、みんなが喜んで使うため、散らかっていた傘立て付近があっという間にきれいに片づきました。一般的な傘立ての側面や前面にマグネットやフックで付けられるので、省スペースで手軽に設置できるのも気に入っています。

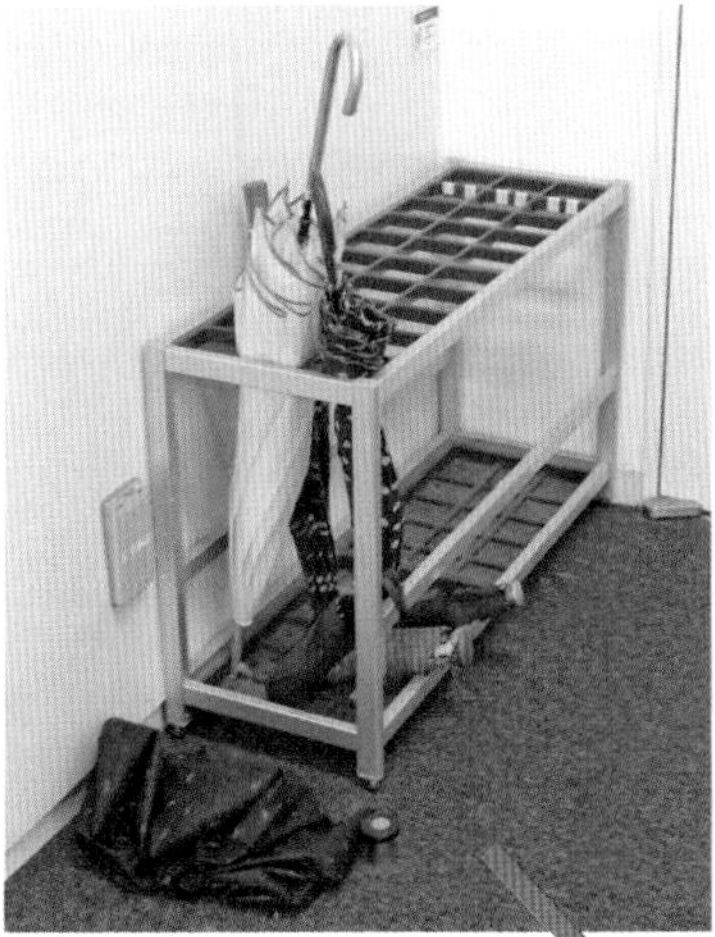

折りたたみ傘は、
仕方なく床置きしたり、
傘立ての下のほうに置いていた。

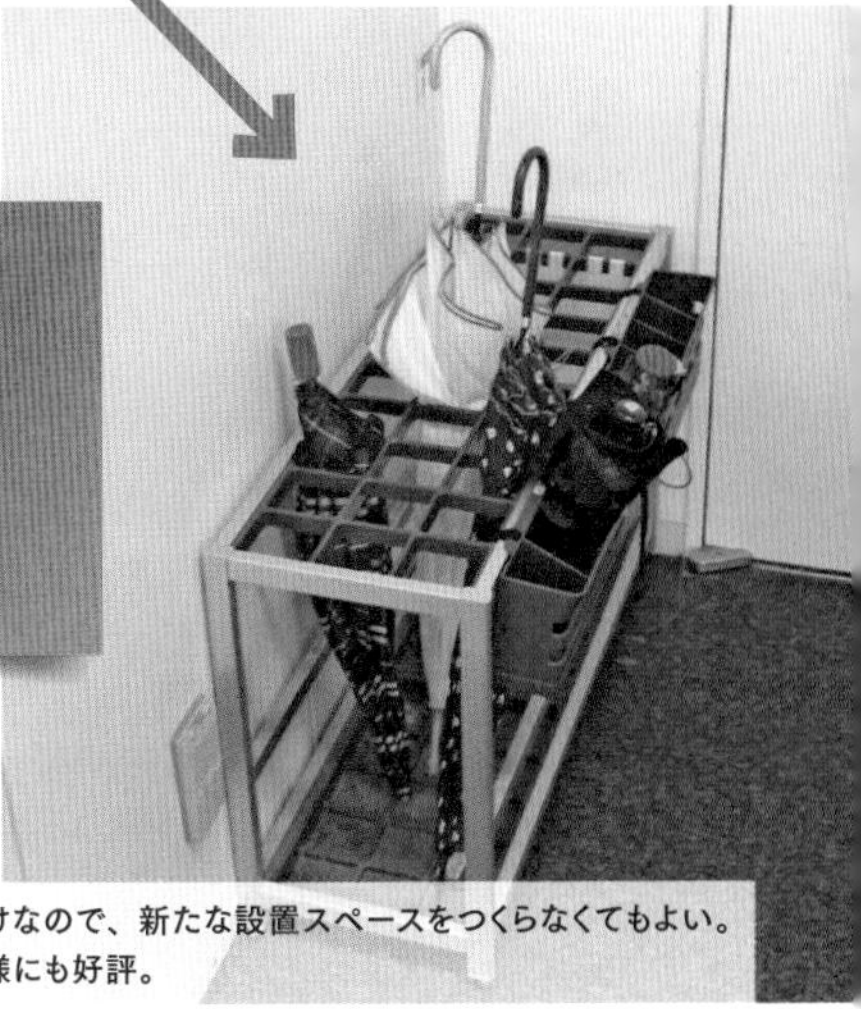

Point

いつもの傘立てに
折りたたみ傘用の
傘立ても追加！

通常の傘立てに取り付けるだけなので、新たな設置スペースをつくらなくてもよい。
オフィスにいらっしゃったお客様にも好評。

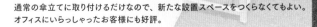

030

ロッカーを「定期的に引っ越す」

引越の予定があると、荷物を整理・処分する

職場はフリーアドレスの環境で、個人の所有物は、決められた個人ロッカーに入れる運用です。

少し前に職場のカイゼン活動で、「個人ロッカーの位置が、ずっと固定なのは不公平じゃないのか」という意見が出て、3カ月に1回、席替えならぬ、ロッカー替えをすることになりました。たしかに、ロッカーが一番下の列にある人は、毎回かがんで荷物を出し入れしているので大変そうです。

実は、この3カ月に1回のロッカー替えのおかげで、個人ロッカーの荷物を整理する人がずいぶんと増えました。オフィスの移転や、自宅の引越をすることが決まると、まず、不要なモノから処分しようとします。そして、整理をするきっかけになります。それと同じことが起こったようです。

Point

引越するから
片づける！

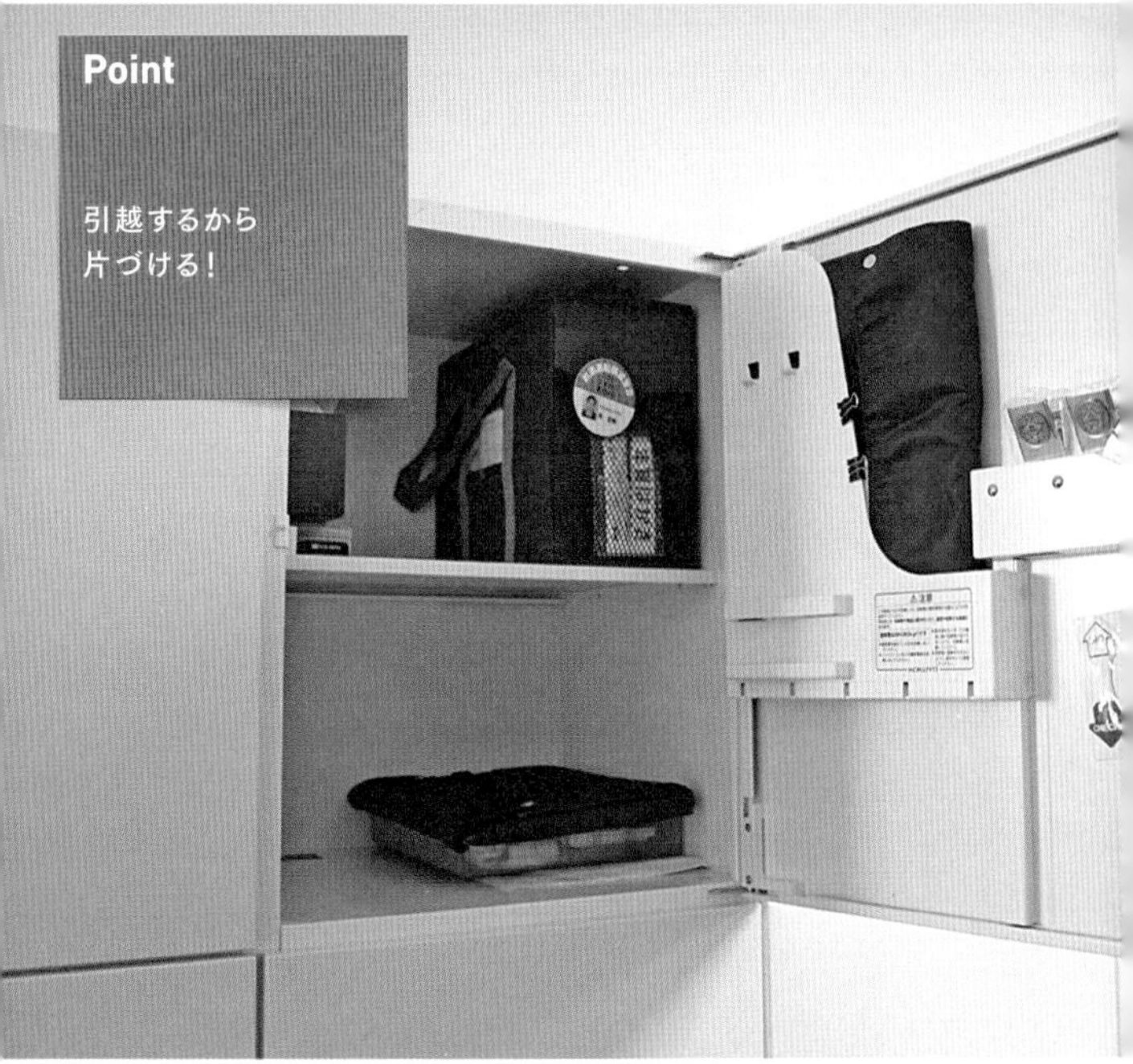

ロッカー替えが荷物を整理するきっかけになり、
ロッカー内に不要なモノをため込まなくなった。

ロッカーが下のほうにある人は
しゃがむ体勢になりがち。

この章で使えるアイテム!

Part 2

わかりやすく分ける「結果を出す」メソッド30

探すムダ・考えすぎるムダを排除すれば

ゆとりをもって成果を出せる

031

よく使うものは「手前に置く」

普段から収納する順序を気にしていると、見直しがラクになる

「いま動いている」という案件は、クリヤーホルダーにひとまとめにして、引き出しの手前に収めます。進行中の資料が増え、クリヤーホルダーの数が増えてきたときには、それらを新たな個別フォルダーでひとまとめにして、引き出しの手前に収めます。個別フォルダーの中に入っているクリヤーホルダーについても、使用頻度に応じて順序をつけます（使用頻度の高いものが手前）。

引き出し内の書類は、定期的に見直しをはかりますが、手前に使用頻度の高いものが自然と集まってきているはずなので、奥にあるもの（=使っていないもの）から見直していくことになります。

「使っていないけれど、念のため保存しておきたい」という書類は、外部倉庫に移すかデータ化（紙の書類は廃棄）します。

Point

手前に使うものを
置くと、奥に見直す
ものが集まる。

手前に使用頻度の高いものが集まってくるので、
奥にあるものから廃棄することを検討できる。

進行中の書類の中でも、
「まさに進行中」のものは、
ひとつのクリヤーホルダーに
まとめて、日中はデスクに
立てて保管する。

032

「名刺」は箱で管理

いろいろ試行錯誤した結果、「ざっくり保管」がフィットした

デスクで使う名刺は、真ん中に仕切りがある箱にざっくりと保管しています。

名刺交換をしたあとは、すべての名刺をいったんデータ化しているのですが、頻繁に連絡をとる相手や動いている案件にかかわっている人たちの名刺は、目の前（手を伸ばしてすぐにとれる位置）にあったほうが便利です。

これまで名刺の整理には、ブック形式の名刺ファイル（1ページに6枚収納）や回転式の名刺ホルダーを試してみたことがあります。

ですが、いろいろやってみて、「目の前に置いておくほうが便利だ」という結論にたどりつきました。名刺の数が増えすぎたかな、と感じたら、ザーッと眺めて、「なくなっても平気かな」と思われる名刺を抜き出します。データ化もしてありますから、あまり考えこまずにパパッと判断して廃棄します。

箱は、パソコンの
モニター下のスペースに
ちょこんと置いている。

Point

名刺は、
ひとつの箱で
管理する。

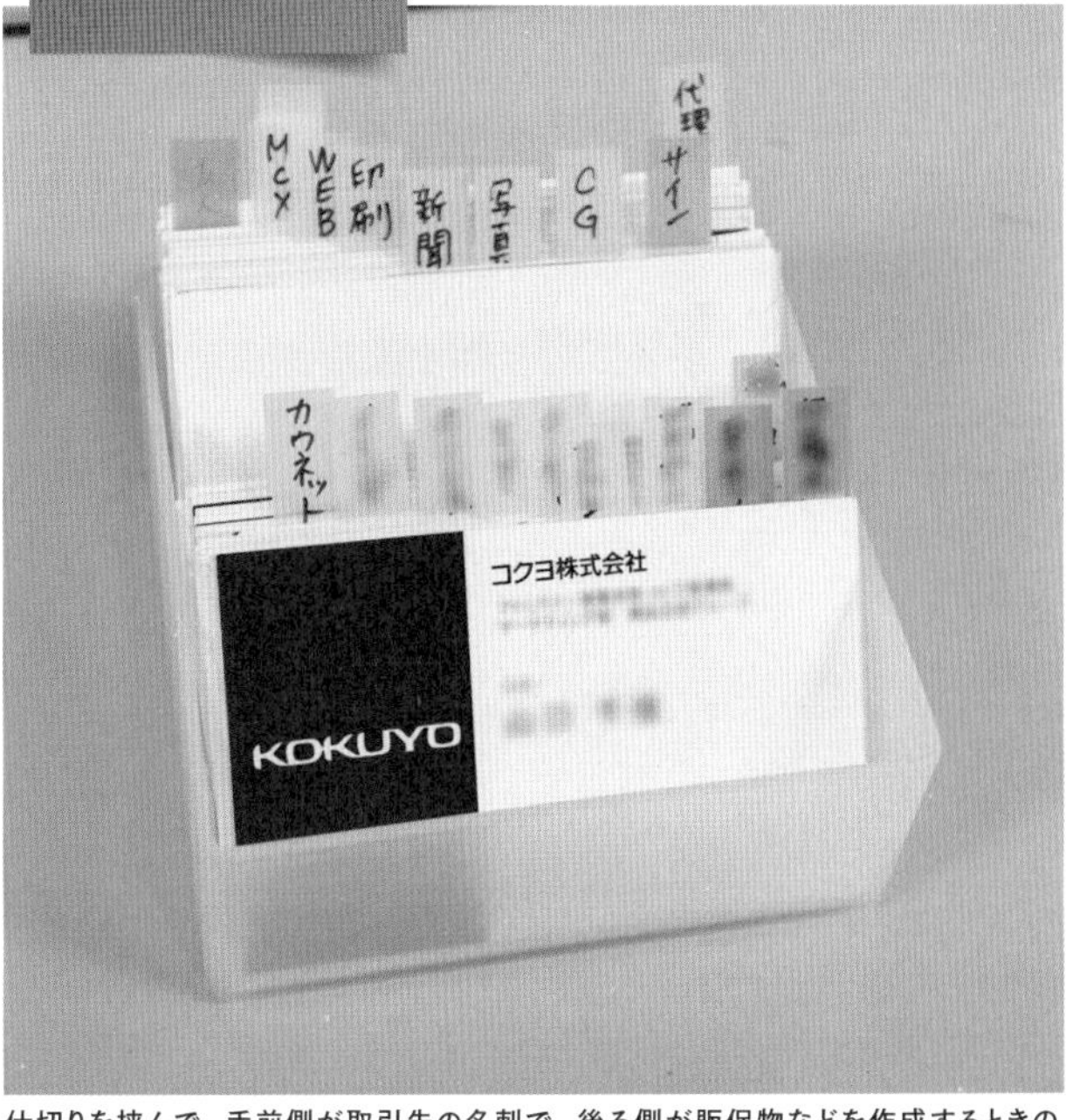

仕切りを挟んで、手前側が取引先の名刺で、後ろ側が販促物などを作成するときのパートナーの名刺。インデックスをつけて差し込んでいる。

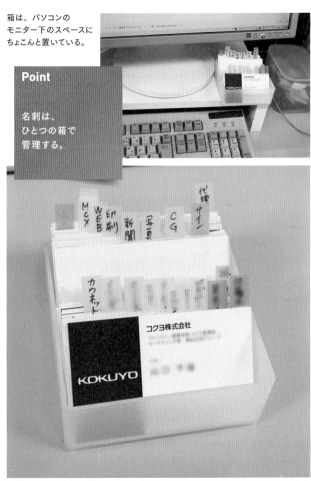

033 「定位置」を決める

使いやすい共用文具置き場があれば、所有しなくて済む

毎日使う文具は自席になければ不便ですが、週に一度、月に一度といった頻度で使う文具は、共用のものを使用することで減らせます。

職場の共用文具置き場では、「姿置き」といって、置くものの形状（姿）を表示しています。その文具がすっぽり入るスペースをつくって、そこを定位置にするのです。

かつての共用スペースでは、ごちゃっとまとめて文具が置いてあり、そこから目的のものを探して……でも見つからない……ということが、よくありました。きちんと戻さない人がいるせいで、行方不明の文具が多かったのです。

姿置きの場合は、返さない人がいる場合、そのスペースだけが空いたままで目立ちます。この運用に変えてから、ほとんどの人が忘れずにきちんと返してくれるようになりました。

Point

ピッタリと
ハマる定位置を
つくる！

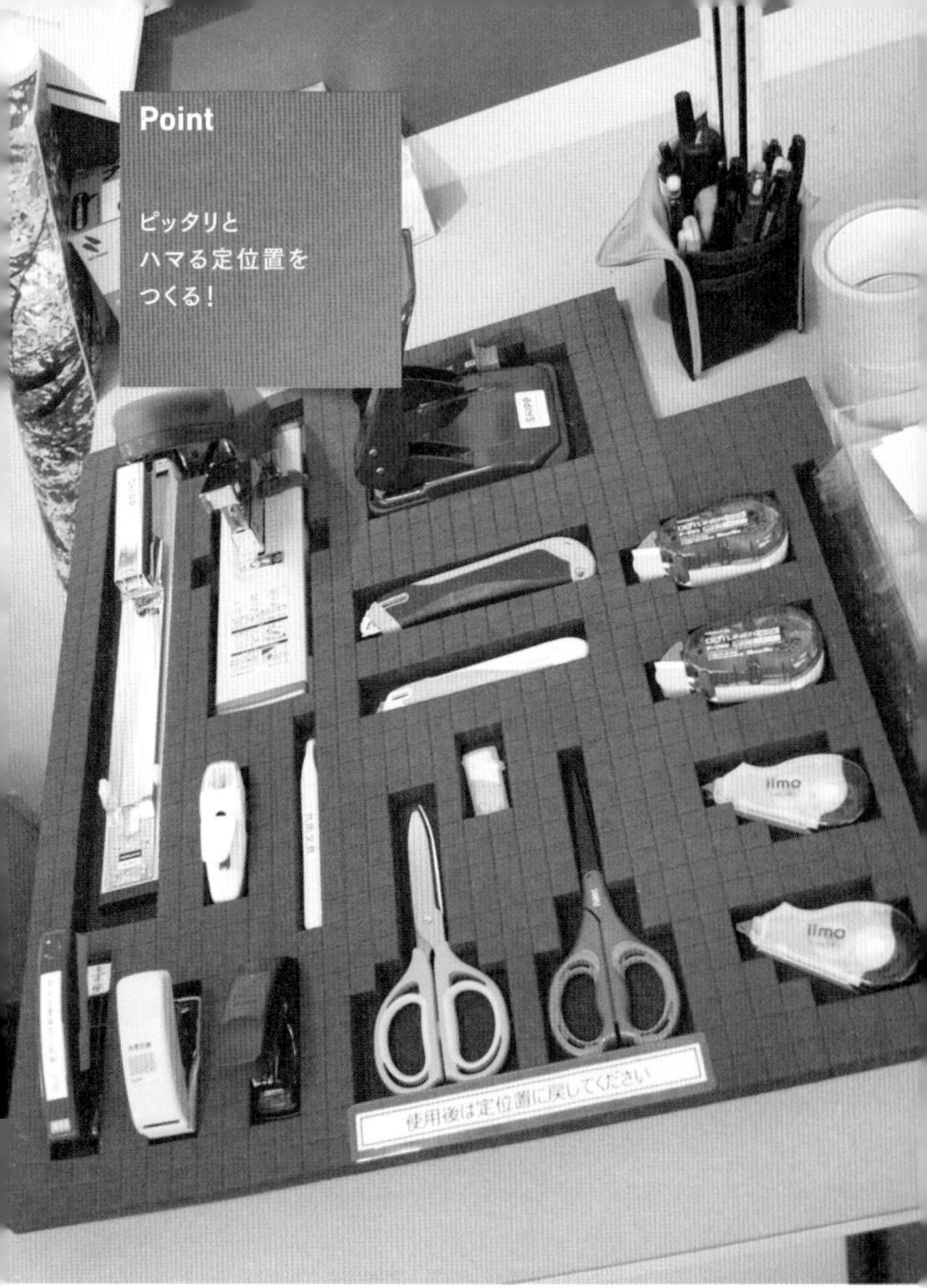

共用文具置き場は、ミシン目が入っていて、手で簡単に切り取れるスポンジタイプのシート「カウネット オリジナル ツール管理シート」でつくっている。

034 ファイル名には「キーワードを入れる」

画面でソートしたい順番でキーワードを並べて名前をつける

ファイル名には、①属性（「提案書」「見積書」など。〝何〟なのか）、②社名（〝誰宛ての〟）、③日付（〝いつ〟の）、④商品名（〝どんな〟）をできるだけ入れます。

そして、これらをアンダーバーでつなげるのですが、ウインドウズの画面でソートしたときに、パッと探しやすくなるように、ソートしたい順でつなげることがポイントです。

たとえば、「商品名」が重要な場合は、商品名を先頭にして「マーカー_20170712_提案書.ppt」「ノート_20170712_価格表.xls」というファイル名にします。

パソコン作業中は、デスクトップの右下に、いま使っているデータを置くのがマイルール。デスクトップにファイルが増えてきて、画面の半分以上埋まったら片づけ時。見ていないものを片づけて、おおよそ4列以内に収めます。

Point

ファイル名では
キーワードを
目立たせる！

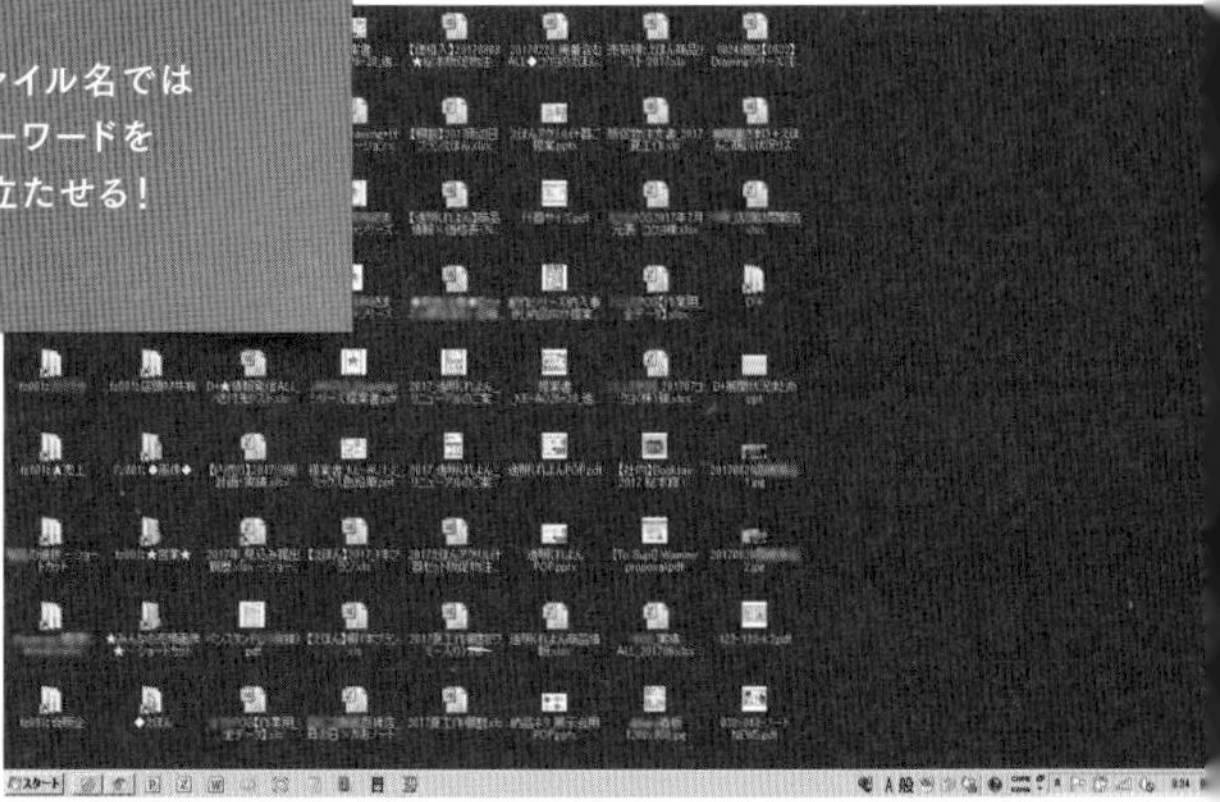

いくらファイル名がわかりやすくても、数量が増えれば判別しにくくなる。
デスクトップの真ん中ラインを越えたら、片づけ時！

商品名には、似ている名前のものがあるため、
ファイル名の中で強調したいときには【　】で囲んでいる。

035 マスキングテープを「ラベル」にする

／貼りやすく、はがしやすいマスキングテープでラベリング

書類はクリヤーホルダーに入れてまとめています。その際、マスキングテープをラベルとして使い、日付を記入して貼ります。

そして、そのクリヤーホルダーの束を取引先ごとの個別フォルダーに入れています。この個別フォルダーは、マチ付きのファイルを使っています。

業務フローが半年サイクルなので、半年のタイミングで手持ちの書類を見直し、必要なものはデータ化、不必要なものは廃棄しています。

マスキングテープは簡単にはがせますし、はがし跡も残らないので、ホルダー類の再利用がしやすいです。かといって、使用中には、めったにはがれてくることがない点も気に入っています。

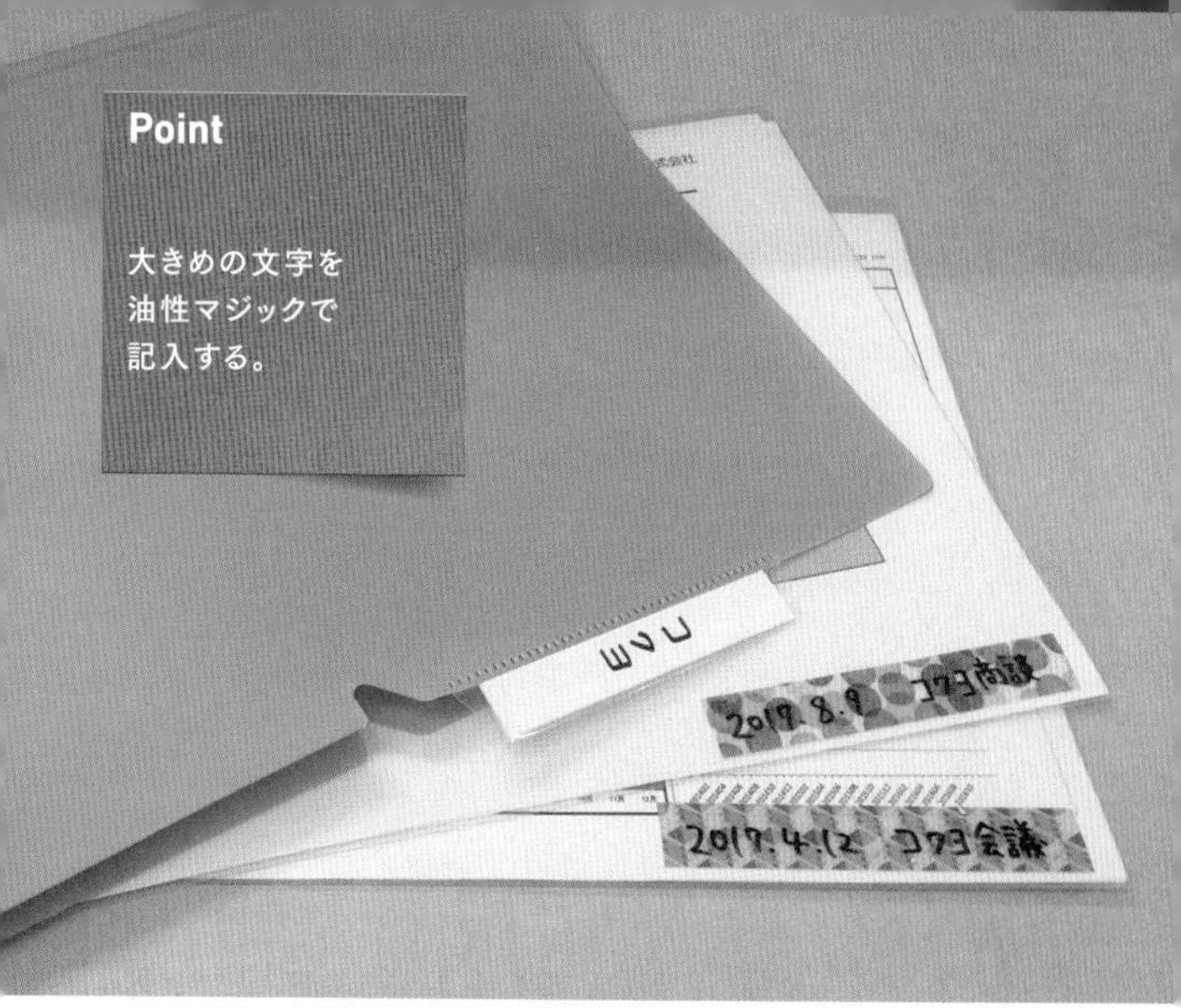

マスキングテープは濃い色や凝った柄のデザインであっても、
意外と文字が問題なく読める。

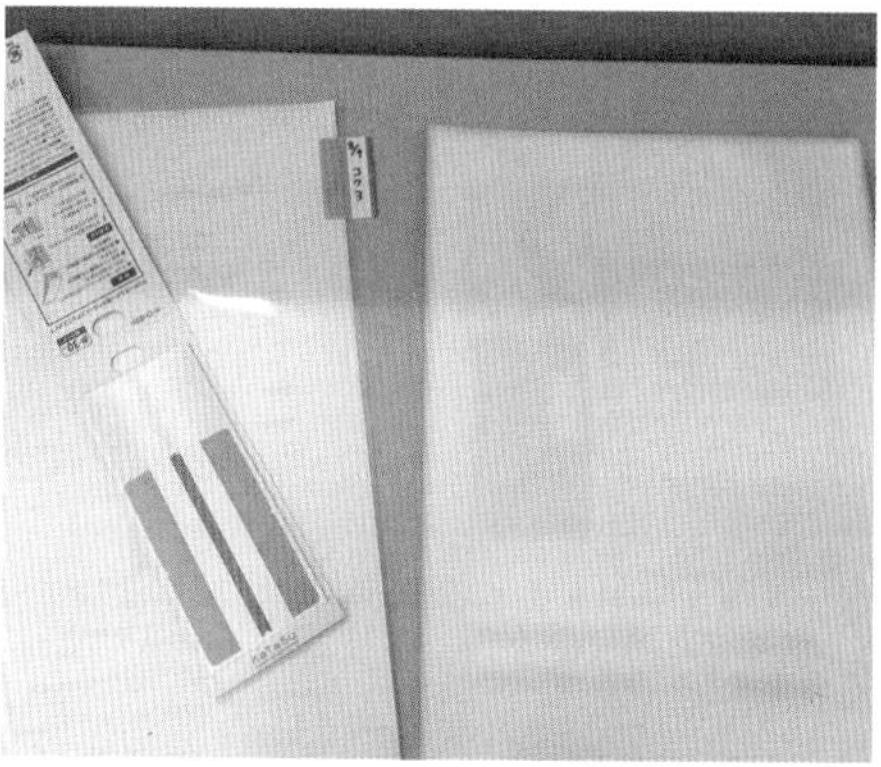

今後は、通常のふせんを
インデックスにできる
「KaTaSu」シリーズを
メインで使っていくことも
検討中。

036
ふせんは「クリヤーホルダーの内側」に貼る

ふせんがはがれないから、目的のファイルを探しやすい

クリヤーホルダーにインデックスをつけるときには、主に、ふせんを使用しています。自分の持ち物を増やしたくないので、ラベル付け用品を準備して……ということは考えていません。インデックスは、タイトルと書類の中身が判別できれば用が足ります。特別なこだわりはありません。

ふせんをインデックスとして使う際は、書類の文字を隠さないサイズを選びます。わりと小さめです。

のりのついている面（粘着面）のほうに案件名やタイトルを記入して、クリヤーホルダーの内側から貼ります。ホルダーの外側に貼ってしまうと、持ち歩いているときに、ふせんが折れたり、汚れたり、はがれてどこかにいってしまうおそれがあるからです。

Point

粘着面に記入して
クリヤーホルダーの
内側に貼る。

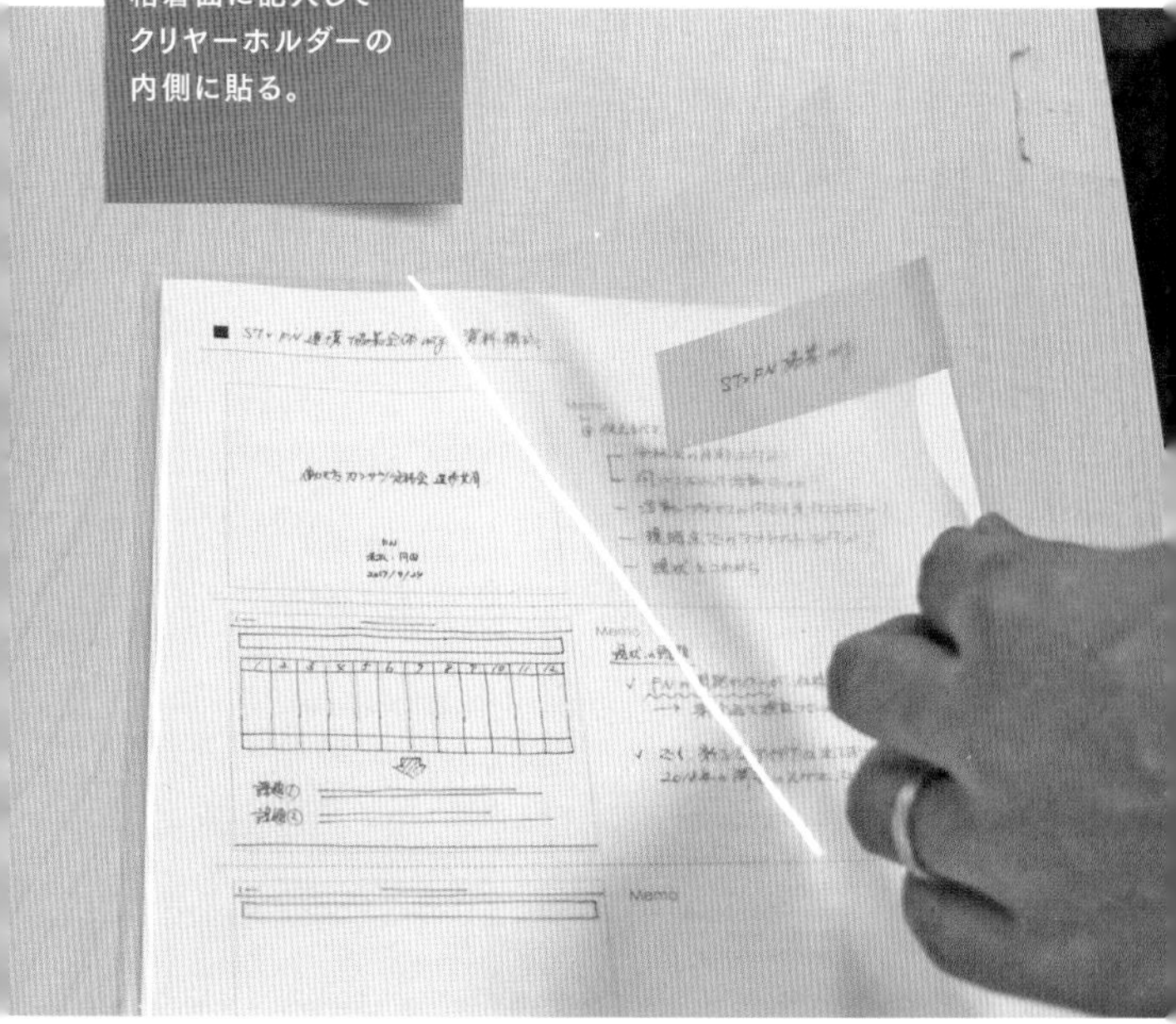

できるだけ書類の文字を隠さない位置に、ふせんを貼る。

037

カテゴリーは「ざっくり分ける」

モノの位置は決めすぎないで、「だいたい決める」

細かく整理することが苦手なので、「①分類・整理しなくて済むほど捨てる。②モノが増えないように予防する」という2点を心がけ、整理を避けています。

モノを収納する際、詳細な定位置を決めて守るのは負担です。カテゴリー分けした「ざっくりした入れ物」だけを決めて、そこに入れることを厳守します。

たとえば、カバンの中に2つのポーチを入れていますが、ひとつは「電気を使うもの」、もうひとつは「電気を使わないもの」が入っています。

網状のナイロンのポーチには、電源コード、バッテリー、変換プラグ、イヤホンなど。綿のポーチには、常備薬やティッシュなど。

ポーチの素材が異なるのは、カバンに手を入れたときに、触感だけでどちらのポーチか判断できるからです。めんどくさがりな方にはオススメの方法です。

Point

考えすぎずに
直感的に
分ける！

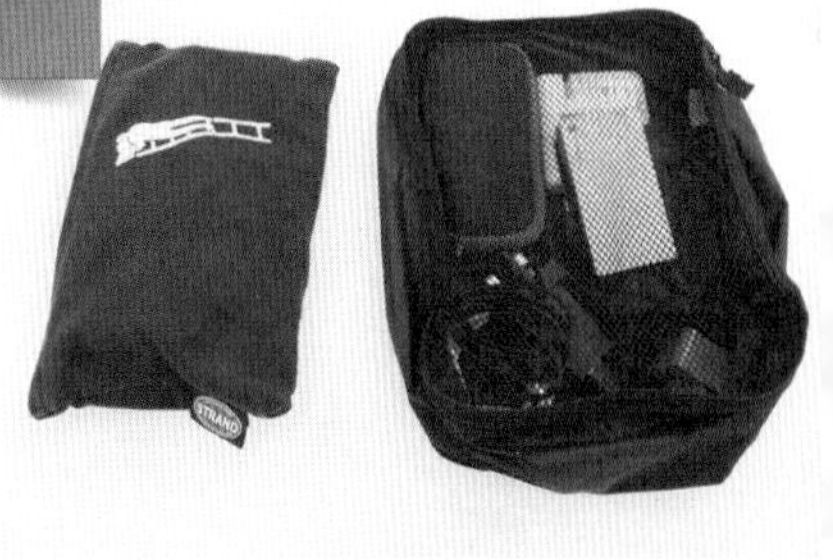

バッグの中には、2つのポーチが入っている。

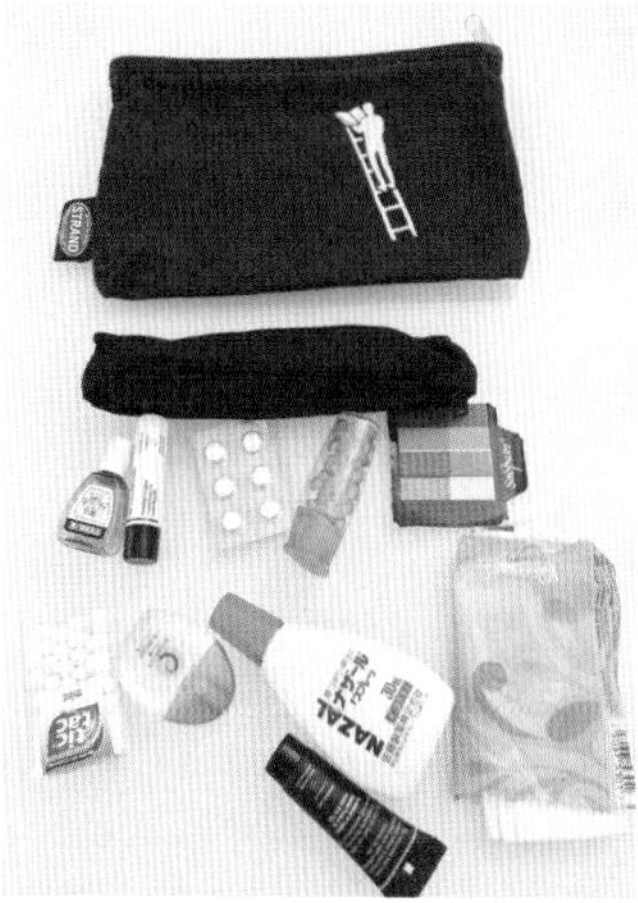

ペンや常備薬、ティッシュなどを入れた「電気を使わないもの」のポーチは、綿素材。

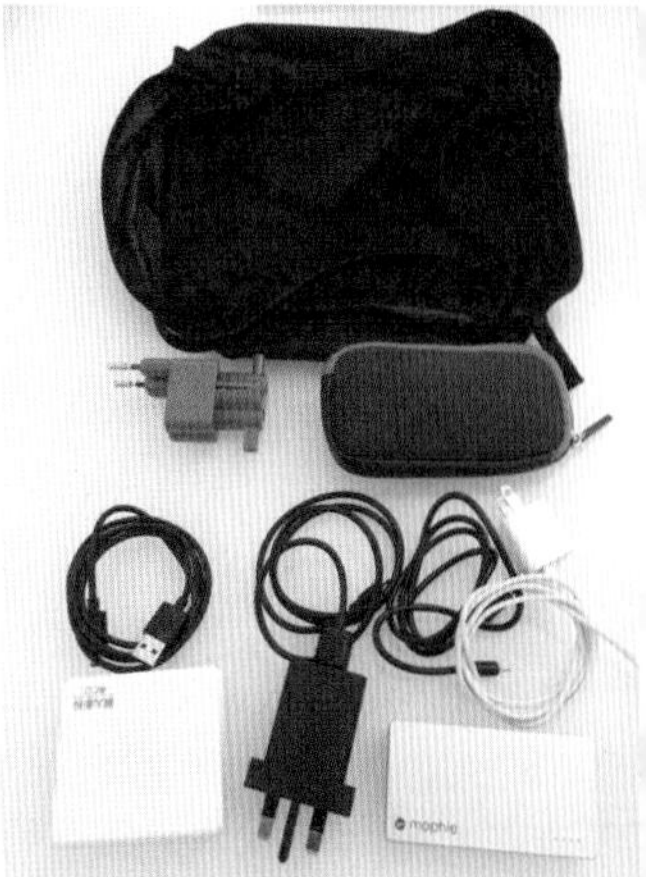

バッテリーや変換プラグ、コード類の入った「電気を使うもの」のポーチは、ナイロン素材。

038

小さい文具は「重ねない」

小さめ＆浅いトレーを組み合わせて、定位置をキープする

引き出しに入れている小さな文具類（指サック、ふせん、テープのり、消しゴム、ゼムクリップなど）は、小さくて浅いトレーに入れて収納しています。

スペースを有効に使いたいので、２種類の大きさの四角いトレーを組み合わせて使っていますが、トレーの角が丸いデザインなので、適度な空間もできて、引き出しの中がギュウギュウした感じにならないのが気に入っています。

モノの取りやすさが重要なので、重ねないようにしながらトレーに並べます。あまり使わない詰替用インクや予備の文具は、引き出しの奥のほうに入れます。このスペースはそれほど使わないところなので、多少、重なっていてもよいかと思っています。

小さな文具を使いやすいように引き出しに収納すると、気分もスッキリします。

Point

重ねないから
取りやすい！

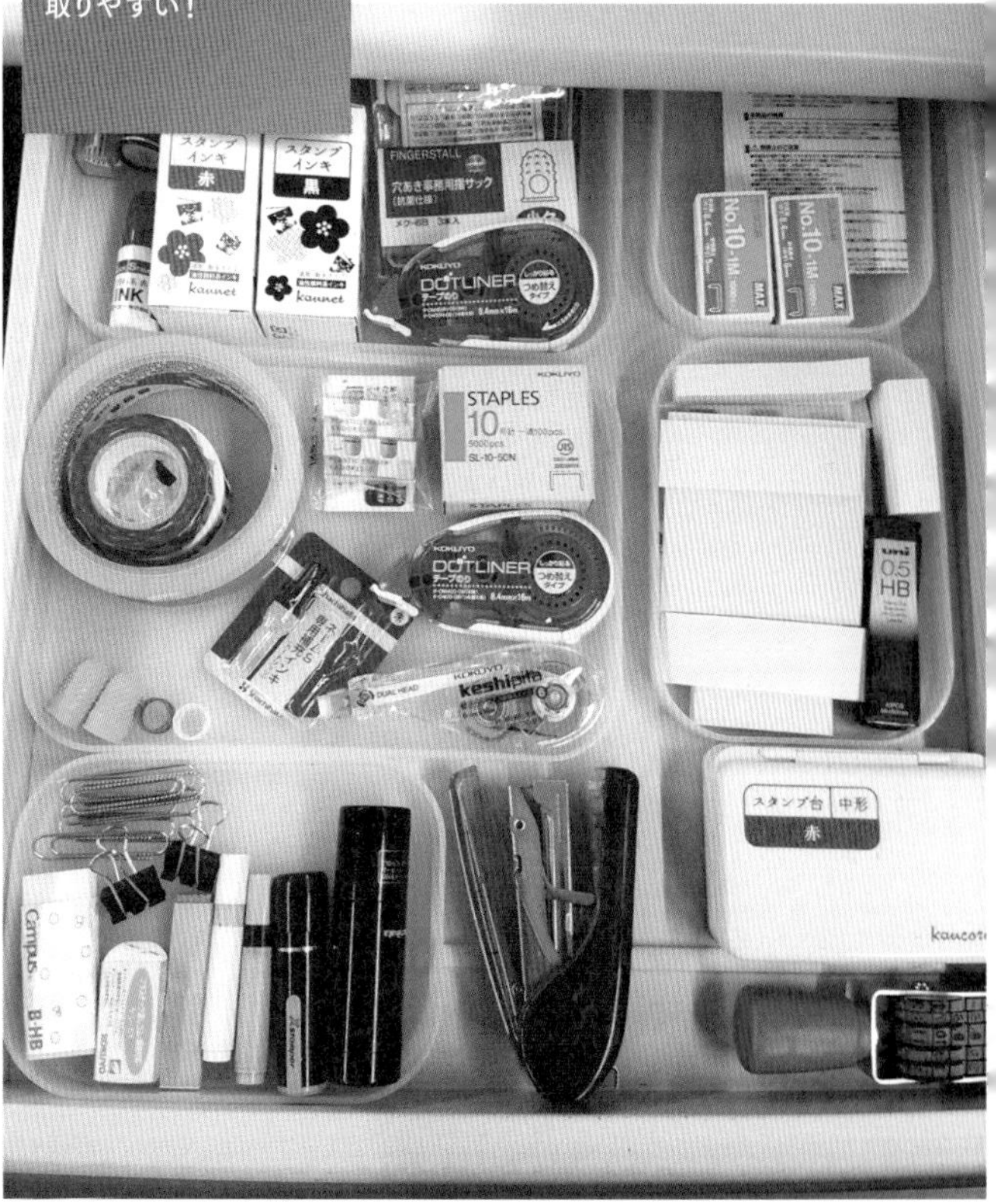

クリップ類も入れすぎると散らばって、ゴチャゴチャしてしまいがち。
使いやすい適量を守って入れている。

039 ノートは「時系列」で記録する

期間がわかるように見出しをつけて、時系列で整理する

ノートは、常時1冊のみを使うようにしています。

打ち合わせや会議の記録も、すべて1冊のノートに時系列で記入していきます。1冊使い終えたタイミングで、そのノートの背に背見出しを貼って、どの期間に使っていたノートであるのかをハッキリと示します。

整理のポイントは、ノートの最初のページを扉紙として使用し、ノートを使っていた期間のカレンダーを貼付し、記録している日付と内容をマークすることです。これを行うことで、あとからノートを見返したときに、書かれている内容をより鮮明に思い出すことが可能です。

スケジュールと記録された内容をヒモづけることで、自分の記憶の中に含まれる肌感覚や現場感のようなものまでも、たどることが可能です。

Point

使い終わったら
背見出しと
扉紙をつくる。

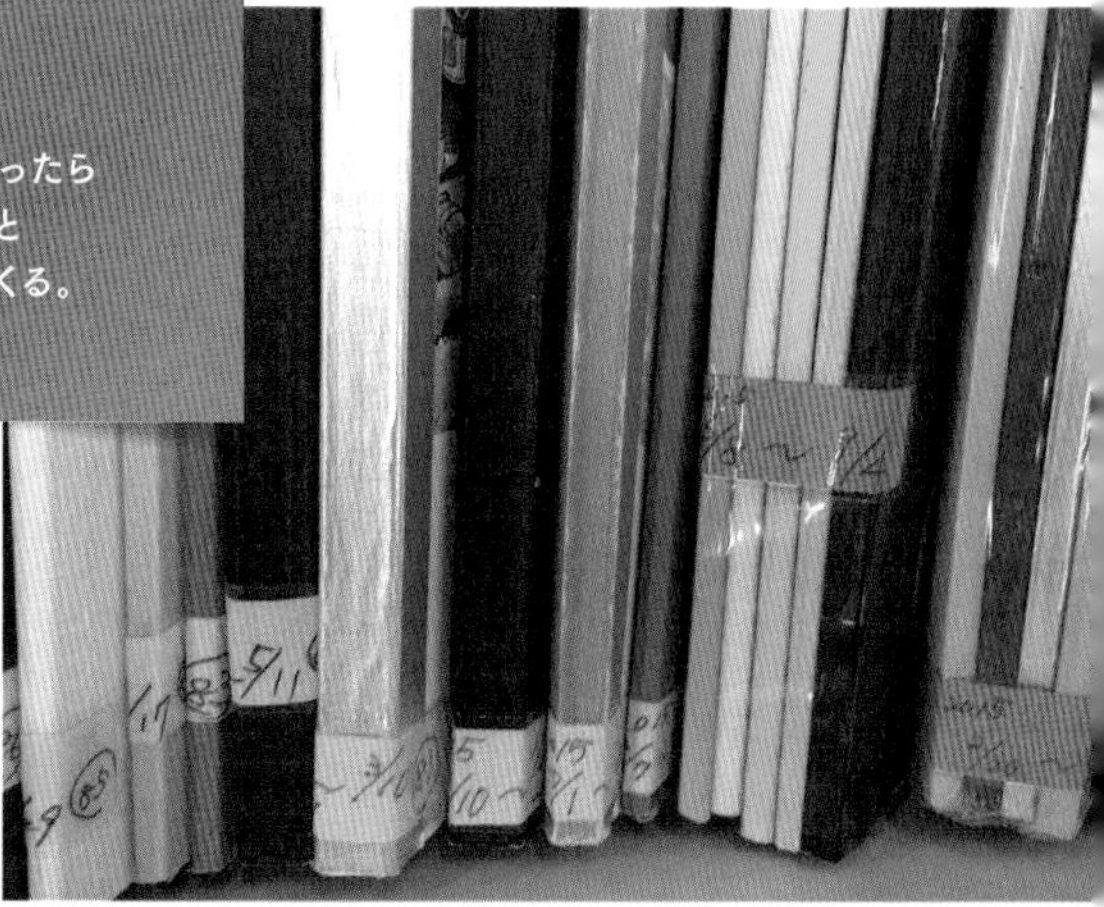

背見出しを見せて並べたときに、どの期間のノートか、すぐにわかる。

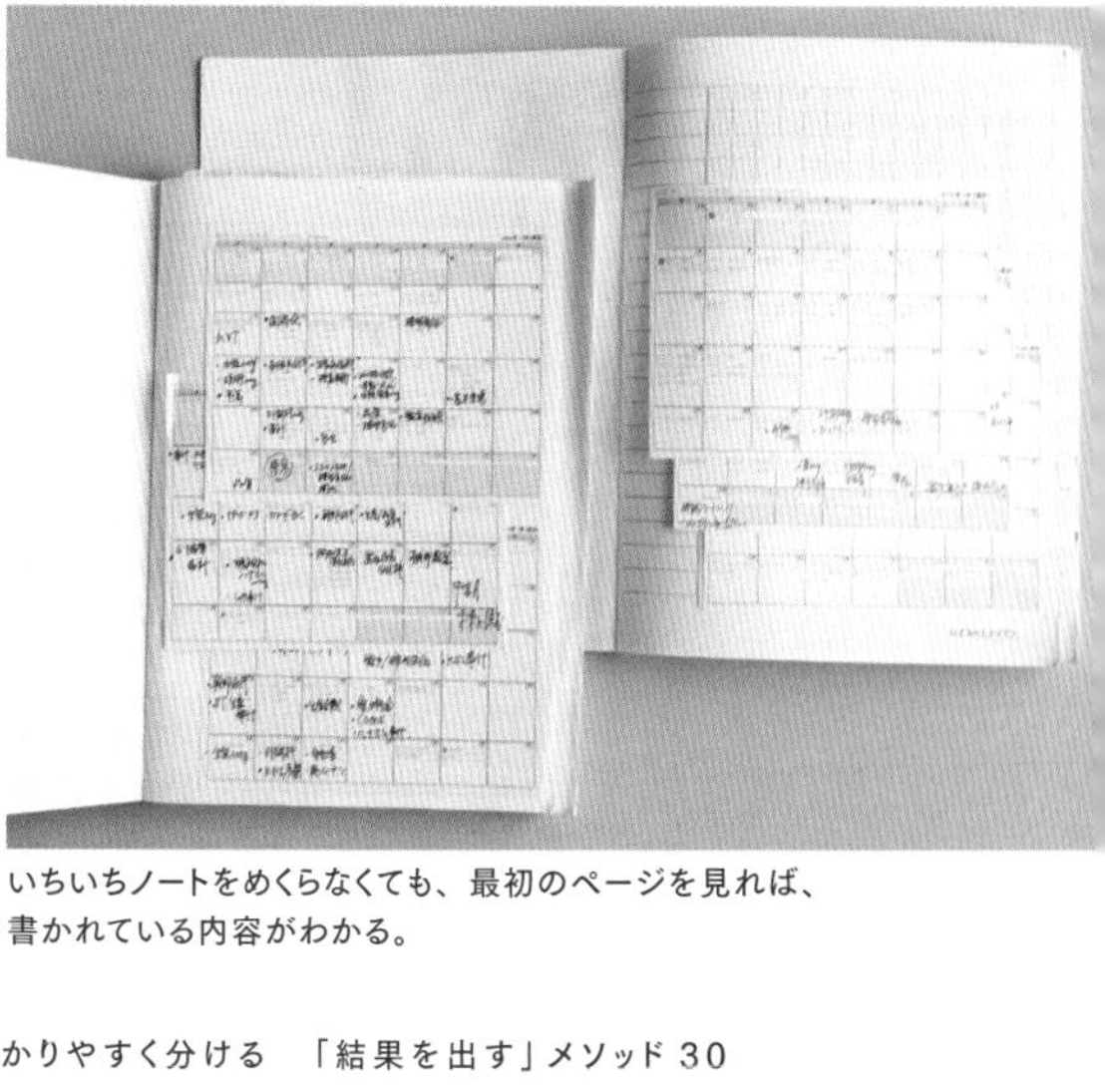

いちいちノートをめくらなくても、最初のページを見れば、
書かれている内容がわかる。

040 穴はあけない。クリップで留める

用紙のサイズごとに、それぞれ整理する

書類（A4サイズ）と図面（A3サイズ）を使うので、それぞれのサイズの紙資料を異なる方法で整理しています。A4サイズの書類のほうは、「1プロジェクト＝1クリヤーホルダー」に収納するのがルールです。入る分だけ保管して、入らなくなった分は捨てます。A3サイズの図面のほうは、いつでも確認や書き込みができるように、常に最新のものを手元に残してあとは捨てます。その最新版もとじたりせずに、特大のダブルクリップでワイルドに留めて保管します。

両方に共通しているのは、「穴をあけない」ということです。常に短い納期のプロジェクトを複数持っているので、ていねいにとじる時間もありませんし、保管しようにも、割り当てられた収納庫は狭すぎます。いまのところ、この運用法で業務上、困ったことはありません。必要な書類も見つけやすくて満足しています。

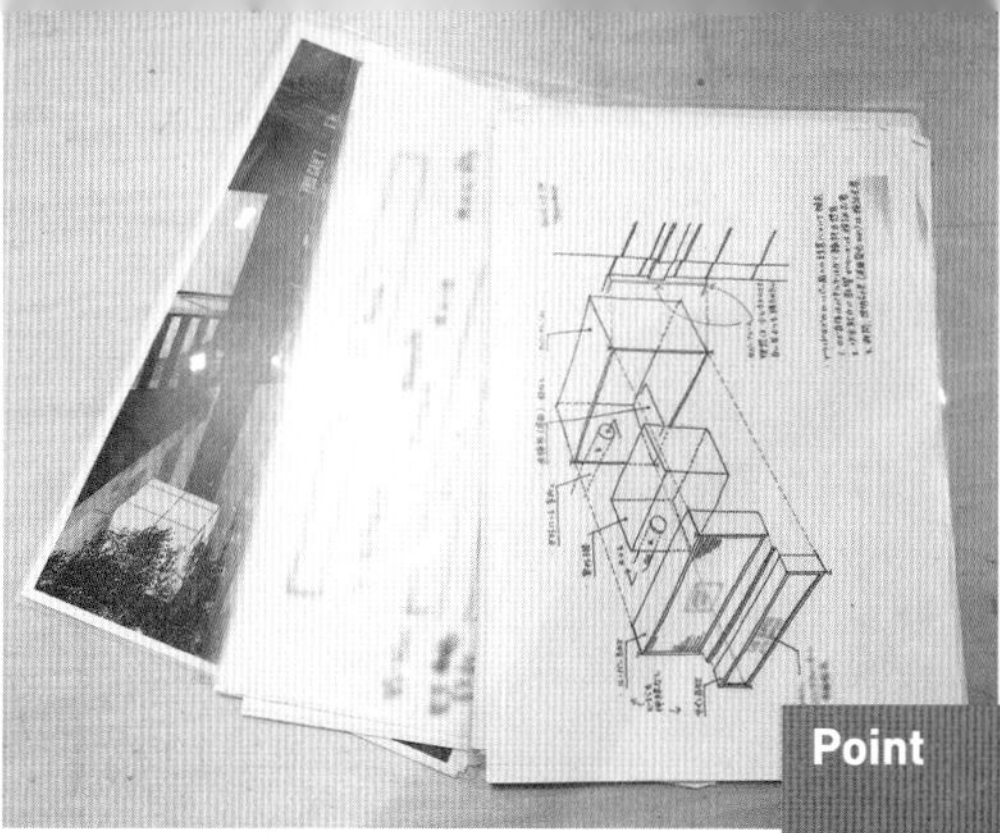

マチがないファイルを使うのは、「大量に保管できない→定期的にスキャン→シュレッダー」という流れができやすいから。

Point

廃棄のしやすさを優先するからダブルクリップで留めて保管。

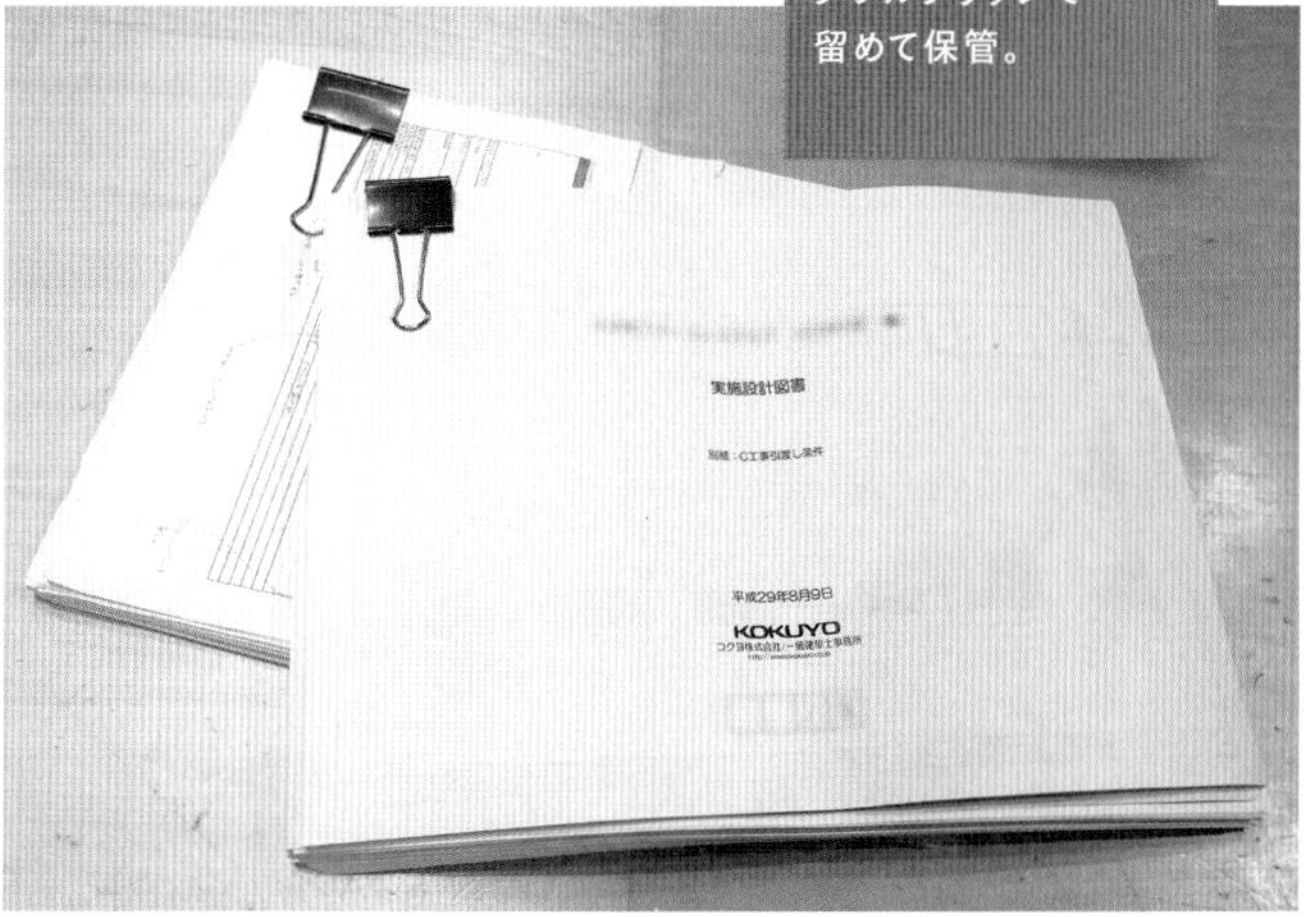

厚みのある図面は、特大のダブルクリップで留める。
最新版以外の図面は破棄しているが、データはすべて残している。
まとめてスキャンし、日付ごとのフォルダを作成して管理している。

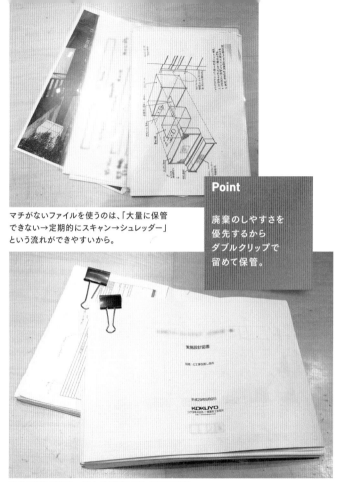

041

「中身の見えるケース」を使う

視認性を高めると、探す時間を短縮できる

商品のパンフレットや広告ツールは、種類が多く、形状もさまざまです。

こうした多品種少量のものを管理するために、中身の見えるレターケースの棚を活用しています。

PR誌などであれば「タイトル」、商品パンフレットであれば「商品名」のインデックスをつけて、だいたい10〜15冊程度ずつ収納していますが、たくさんの種類の中からインデックスの文字だけを頼りにして探すのは大変です。ケースの外から現物が見えると、「あ、これだ、これだ」とすぐに探し出せて便利です。

また、まとめて1カ所に収納しておくと、あちこち取りに行かずに済むので効率的です。以前、商談中に話題にのぼった商品のパンフレットを、お客様をお見送りがてら、ササッと封筒に入れて渡すことができ、喜ばれました。

Point

中身の見える
トレーを使う。

素材のサンプル類も、現物を入れておくと、目的のものを探し出しやすい。ときには、「まてよ、こっちのほうがいいかな」などと、ここでアイデアが浮かぶことも。

042
「背表紙を下に」して収納する

見たいのは、タイトルではなく、中の情報

クリヤーブック（透明のポケットが複数ある冊子形式のファイル）を引き出しに収納するときは、タイトルとなる背ラベルが見えるように、背表紙を上にして収納している方が多いかと思います。しかし私は、逆の向き。背表紙を下にして、バラバラしているほうが上になるように収納しています。

その理由は、クリヤーブックの中身を確認しやすいからです。

背表紙が上側になっていると、まず、クリヤーブックを丸ごと引き出しから抜き出して、広げ、それから目的のページを探して……という流れになります。

けれども、バラバラしているほうが上側になっている場合は、クリヤーブックを半分くらい持ち上げた程度で、目的の情報が見られます。そして、確認し終えたら、パッと手を離すだけで、ストンと元の場所に収めることもできます。

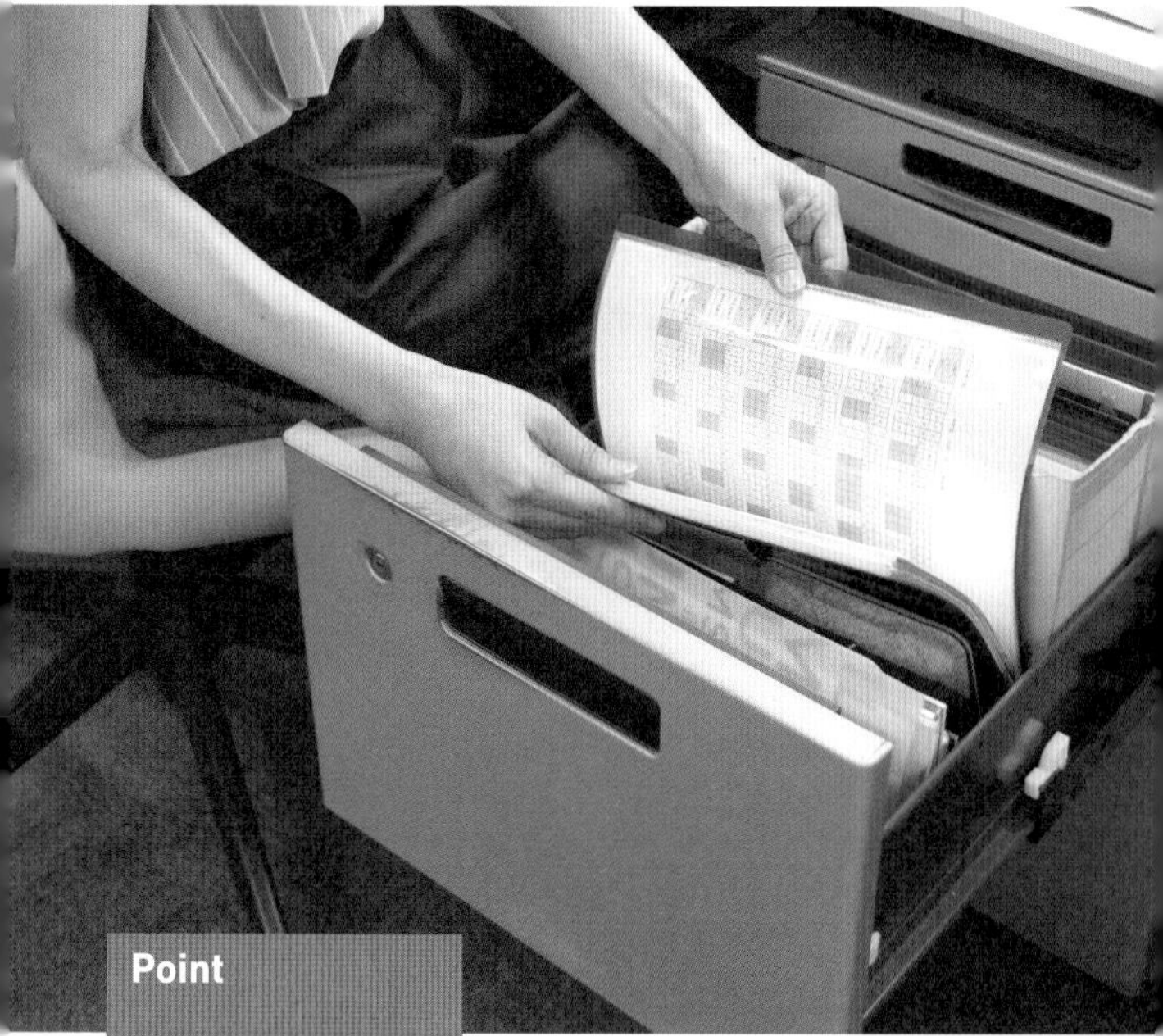

Point

パッと引き出せば
すぐに中身を
確認できる。

毎朝の日報作成時に情報を確認する場面が多い。毎回、ワンアクションで済めば、積もり積もって、かなりの時短効果がある。

043

情報は「1箇所にまとめる」

最もよく立ち寄る場所に掲示情報を集約する

自宅の冷蔵庫の脇を、マグネットシート貼りの壁面にして、仕事やプライベートを含む、家族の全情報を一括掲示するスペースにしています。

たとえば、自分の仕事の予定、子どもの学校の予定、家族の予定を記入したカレンダー、近隣の交通機関の時刻表など。各自がここに見に来るだけで、自分の予定も家族の予定もひと目でわかるので、「あれって、いつだっけ？」という確認が減りました。新たな予定を入れたいときも、ここで可否を判断できます。

オフィスでは、コピー機の前に、社内の連絡事項が掲示されています。もちろん、お客様も頻繁にいらっしゃる場所ですから、社外秘の重要事項は掲示できません。ですが、さまざまな社内の取り組みや注意喚起、ほかの営業拠点のトピックなど、ちょっとした情報を仕入れる場所として活用されています。

Point

「ここに来れば
すぐにわかる!」
という場所を
つくる。

マグネット対応の壁面なので、掲示するのも廃棄するのもラクラク。

コピーを待っている間に、ちょっと視線を上げるだけで、
情報チェックが可能。

044 ノートの中で「過去と現在をつなぐ」

ノートの中で時間をさかのぼることが可能になる

ノートは1冊に集約して使用しています。目的別（会議、案件、打ち合わせ記録など）に何冊もつくりません。

書き始めるときは、まず、ページの冒頭に「案件名」や「〇〇会議」というタイトルと記入日を書きます。

その日以降、同じ案件でメモする際は、前回のメモがどこに書かれているのかわかるように「5ページ目　〇／△」というように、ノートのページ数と前回のメモをとった日付を記入します。同時に、前回のメモの最後にも、続きのメモが書かれている場所を「7ページ目　〇／△」と記入しておきます。

こうしておくことで、あとからノートを見たときにも、ラクに前回の打ち合わせの記録を見つけられ、時系列で詳細な経過を追うことが可能となります。

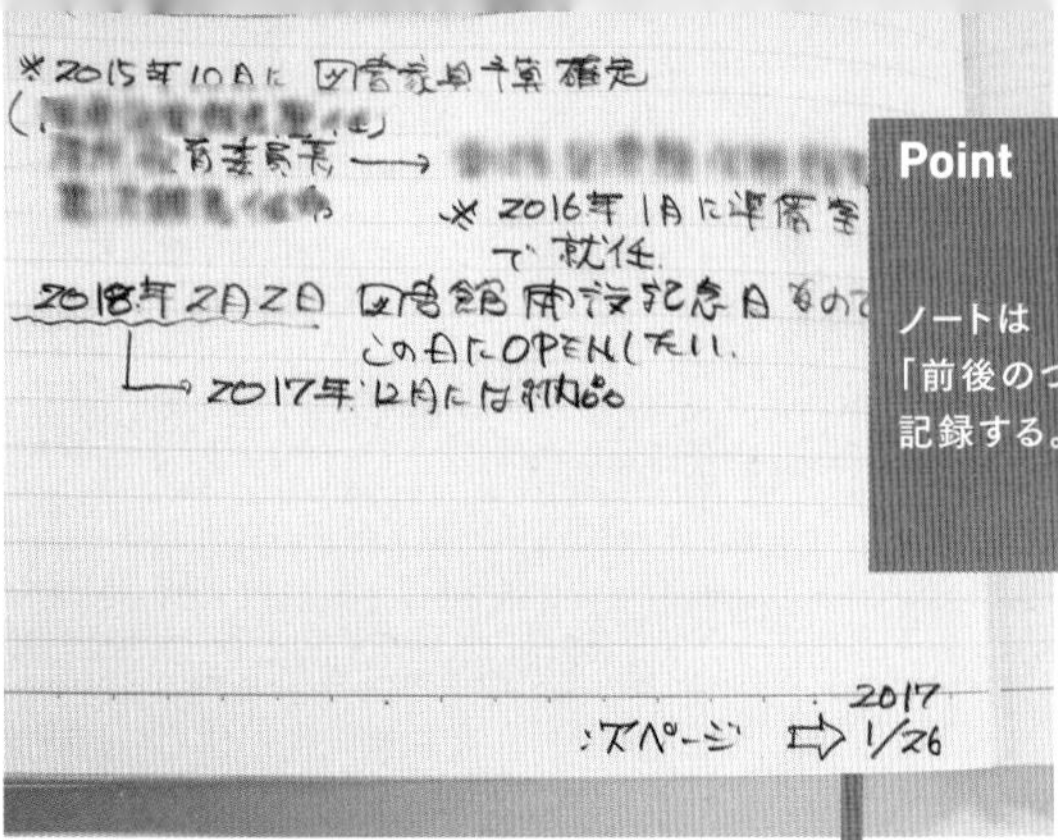

Point

ノートは
「前後のつながり」も
記録する。

ページ位置と日付を記入しておくことで、
前後のつながりがよくわかる。

2冊（最新＆ひとつ前）のノートがあれば、必要な情報のほとんどを得られる。

045 分類は「その他」からはじめる

書類が増えてきたら、専用フォルダーを作成する

とにかく「便利が好き！」で、意識的にいろいろな整理法を試しています。

現在は、「ＫａＴａＳｕ」シリーズの持ち運べるファイルボックス（取っ手付き・スタンドタイプ）を使用し、その中で書類を仕分けしています。

書類をホルダー分けする際は、初めは「その他」のクリヤーホルダーに入れます。その案件の書類が増えてまとめる必要性が出てきたところで、それ専用のホルダーを作成し、見出しもつけます。

見出しは重なって見えづらくならないようにしていますが、列を厳格にそろえないようにしています。というのも、いちいちそろえる作業が手間ですし、ミリ単位できれいにそろえている中で、１枚、ズレているものがあると、妙に気になってしまうからです。ざっくりとバラけたように貼るのがポイントです。

Point

収納デビューは
「その他」の
コーナーから。

A4サイズのクリヤーホルダーにペンを差すと、ペンが飛び出てしまうので、
手前に1枚だけA5サイズのクリヤーホルダーを入れてペンを差している。
これには、領収書などのこまごまとしたものも収納している。

046

「未」&「済」トレーで書類を効率整理

外出が多い営業職の必需品は、2つのトレー

営業部のメンバーは全員、各自のトレーユニット（2個組のトレー）を持っています。トレーには、「○○（未）」と「○○（済）」（○○は各自の名前）というラベルが貼ってあり、届いたFAXや見積提出中のものを「○○（未）」に入れ、確認済み書類や受注したものを「○○（済）」に入れる運用をしています。

営業職は、日中、外出していることが多いですが、このトレーユニットの運用が始まってから、外出先から電話で「（済）のトレーに入っている資料を見てほしいのですが……」などと、社内の人と連携がとりやすくなりました。

細かい運用には個人差がありますが、自分の場合は、「○○（済）」のトレーの中を2週間に一度を目安に「保管するか、廃棄するか」を判断して整理しています。

Point

「未」の書類か？
「済」の書類か？
ひと目でわかる。

トレーユニットの設置場所は、複合機やシュレッダーがある場所の近く。作業のついでに確認するのにも便利。

047 ふせんを「インデックス」にする

貼り替えられるから、ふせんをインデックスにする

現在、動いているフロー系の資料は、案件ごとにクリヤーホルダーに入れてから、ローライズファイルボックス1個にまとめて収納しています。

ローライズファイルボックスとは、普通のファイルボックスよりも高さが低く、棚に入れたときに、引き出しやすくなっているファイルボックスです。

案件ごとのクリヤーホルダーは、「ＷＯＲＫ資料」や「アウトプット資料」というくくりで、ホルダーの色を区別して使っています。そのホルダーの色分けの区分も、ふせんに簡単に書き、ファイルボックスの外面に貼ります。

フロー系の書類に関しては、基本的に、ふせんをインデックス代わりにして、タイトルを記入して使っています。あとからタイトルが変わったり、案件が終了したときに、貼り替えがラクだからです。

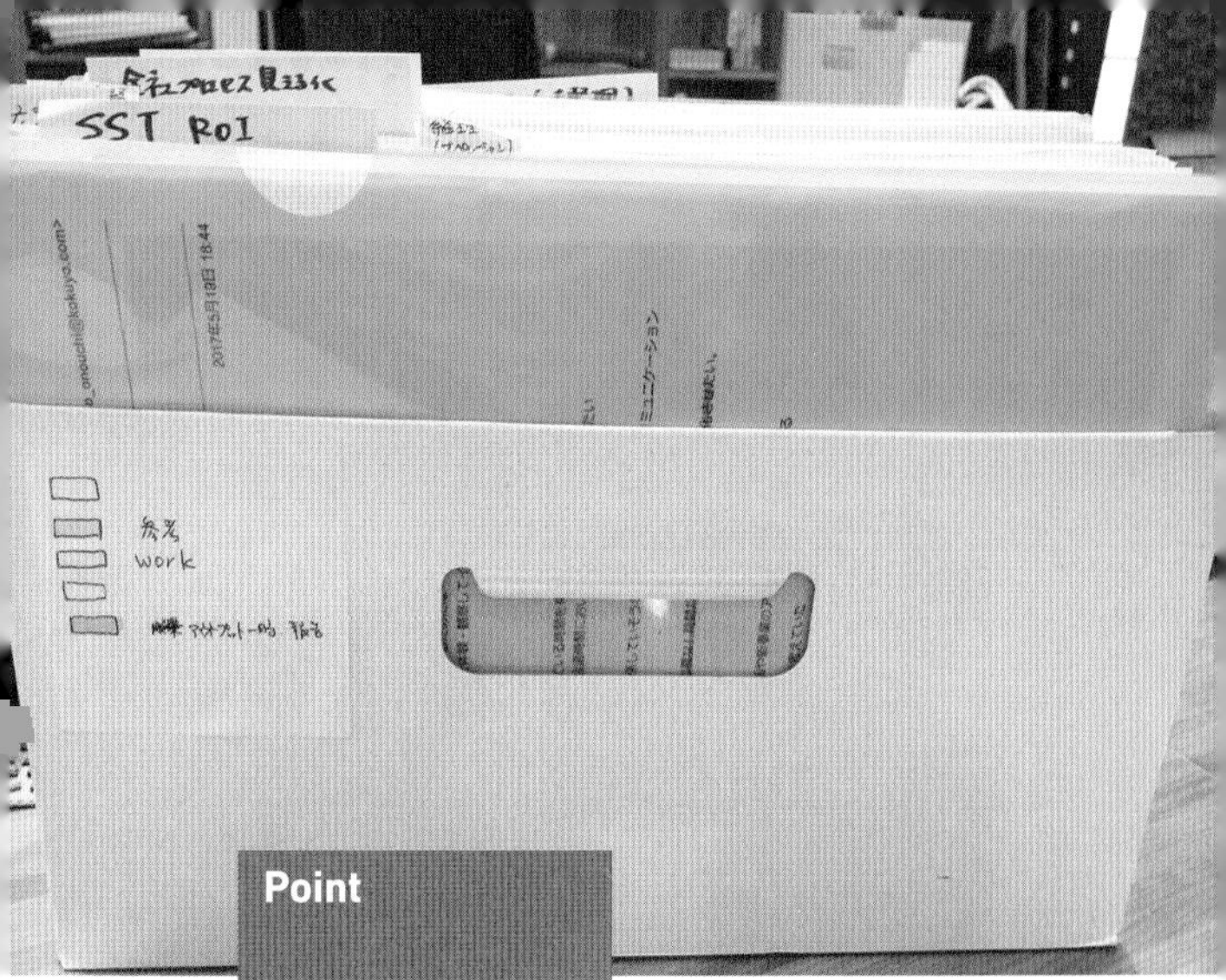

Point

正方形の
大きめのふせんが
見やすい！

「ローライズファイルボックス」は、中身の書類がよく見える。通常のファイルボックスと収納量は同じ。

「いつかやる」というタイトルのファイルボックス。こうした類のファイルボックスにも、タイトル付けは重要！

048 書類は「3ステップ」で整理する

3つのステップを経ると、書類が消えていく

「書類の量が少ない」とよく言われます。ため込まないのは、現業務（事業責任者）になってからではありません。かつて営業畑の仕事をしていたときから少ないです。

当時から、書類整理は3つのステップで行っています。

ステップ① 書類をもらったら、とりあえずデスクの一番上の引き出しにポンポン放り込む（この場所はパソコンの収納場所でもある）。

ステップ② 翌日の朝、パソコンを取り出しがてら、書類を選別し、保存するか廃棄するかを決める（保存する書類は、下の引き出しの分類ファイルへ）。

ステップ③ 分類ファイルは月1のペースで整理し、不要なものを廃棄する。

書類の絶対量が少ないので、収納や分類に困ったり、目的の書類が見つからなくてイライラするという経験は皆無です。

業務中のデスクはスッキリ。置きっぱなしの
書類はナシ。部下からの報告資料なども、
基本、自分では持たない。

Point

3ステップを経て
残った書類だけを
保存する。

とりあえず放り込むのが、上の引き出し。保存する書類は下の引き出しの分類ファイルへ。

049 ファイルは「大・中・小」を使い分ける

保存することも考慮に入れて、使用するファイルを使い分ける

案件ファイルは、大・中・小のファイルを使い分けています。

まず、今後、増えなそうな資料は、小（個別フォルダー）を使います。小規模～中規模の案件の資料は、中（フラットファイル）を使います。

そして、ある程度のボリュームの案件には、大（チューブファイル）を使います。案件が終わったあとも引き続き、このチューブファイルに入れて保存します。保存期間はだいたい3～5年（何もなければ、このまま廃棄）。ボリュームがあるので収納スペースは食いますが、引き継ぎする際には、とても便利です。

大・中・小、いずれのファイルも表題や見出しはラベルプリンタで作成しています。慣れれば作成に時間もかかりませんし、なんといっても、文字がきれいだと、資料が探しやすくなります。

Point

よくまとめられた
案件ファイルは
引き継ぎの際に
わかりやすい！

大・中・小のファイルはそれぞれ
ファイルボックスに収納している。

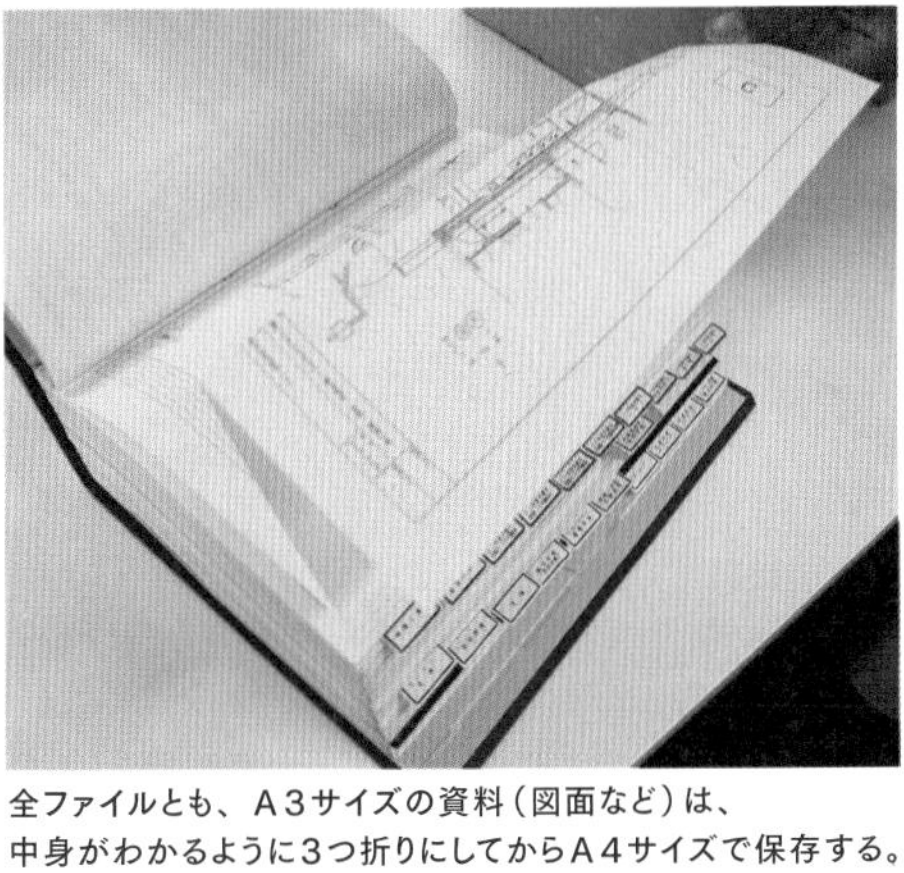

全ファイルとも、A3サイズの資料（図面など）は、
中身がわかるように3つ折りにしてからA4サイズで保存する。

050 カタログは「グルーピングする」

ファイルボックスに入れただけで、正しい位置に戻す人が続出！

家具や素材のカタログ類は、自分で取り寄せたものも個人で所有せず、職場のライブラリーで集中管理しています。それぞれ持っていると、各人の所有量が増えますし、毎日必ず見るものではないので、共有でも用は足ります。

以前は、書店の本棚のように、「あ行」とか「国内家具」といったインデックスだけが差し込まれていて、それを目的のカタログを探す手がかりにしていたのですが、返却時に「だいたいこのあたりだろう」と適当に棚に入れてしまう人が続出し、次に使いたい人が見つけられなくなって困っていました。

改善策として、ラベルを貼ったファイルボックスに入れてから本棚に収める運用に変更したところ、返却する位置がわかりやすくなり、返却時の精度が大幅に向上しました。結果、みんなの利便性が高まって、喜ばれています。

Point

バラバラにしないで
ファイルボックスに
入れて収納する。

カタログ名がラベリングされたファイルボックスを引き出して、そこから目的の号数を探す。

返却するときは、該当のカタログ名のボックスに入れさえすれば、行方不明にはならない。

051 「進行状況」で仕分けする

書類の処理ステータス（仕事の進捗状況）で分けて収める

書類が発生したタイミングで仕分けする「5分類移管法」を実践しています。書類を探したり、優先度を考える時間が短縮され、生産性がアップしました。

①「未処理フォルダー」→手つかずの書類、外出中に個人トレーに届いた書類（「帰社後、すぐに会議」ということもあるので、放置せずに、とにかく入れる）。

②「処理中フォルダー」→打ち合わせ中など、仕掛かり中の書類。

③「見積書作成中フォルダー」→見積書作成中の書類。

④「見積書提出済みフォルダー」→見積書提出済み・打ち合わせ済みだが未成約で問い合わせの頻度が高いと思われる書類。

⑤「共有書庫移動フォルダー」→成約・手配済み・打ち合わせ済みなど、今後は問い合わせが少ないと思われる書類（まとめて共有書庫へ移管する予定のもの）。

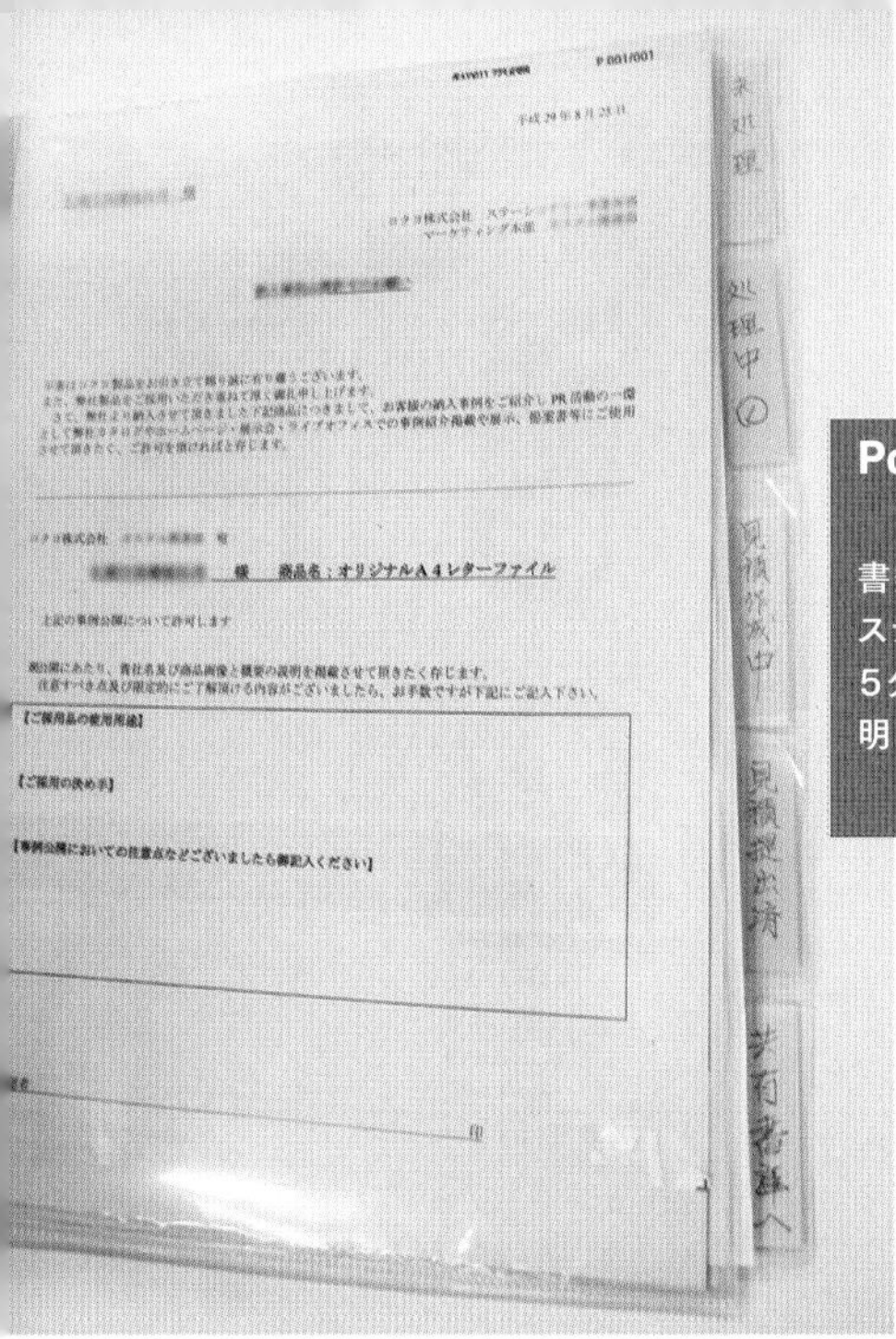

Point

書類の処理
ステータスを
5分類して
明らかにする。

インデックスタイプのクリヤーホルダーが1枚あれば運用できる。使っているのは、「インデックスホルダー〈KaTaSu〉5インデックス」。普通のふせんをインデックスに使えるから、ときどき分類を変えて（タイトルを変えて）使用する。

廃棄する書類については、別途、クリヤーホルダー2枚を用意。
手元で「要シュレッダー」のものを分別しておく。

052 「フロー↓ストック」の流れで管理

フローからストックへの切り替えタイミングで、ファイルの種類も変える

タスクを複数抱えていて、それらが同時進行のため、タスクごとのファイルをつくっています。

ファイルに関しては、フローとストックという観点での使い分けも行います。

たとえば、直近のミーティング内容と、そこで出てきた重要事項は「フロー系書類」として、LEITZ社のファイルに収めています。

そして、ある程度、フロー系書類がたまってきたら、「ストック系書類」としてコクヨの「フラットファイルW（厚とじ）」へ移行します。

フローからストックに移行する際には、いったん見直して整理し、必要のない書類を破棄してからファイリングするようにしています。

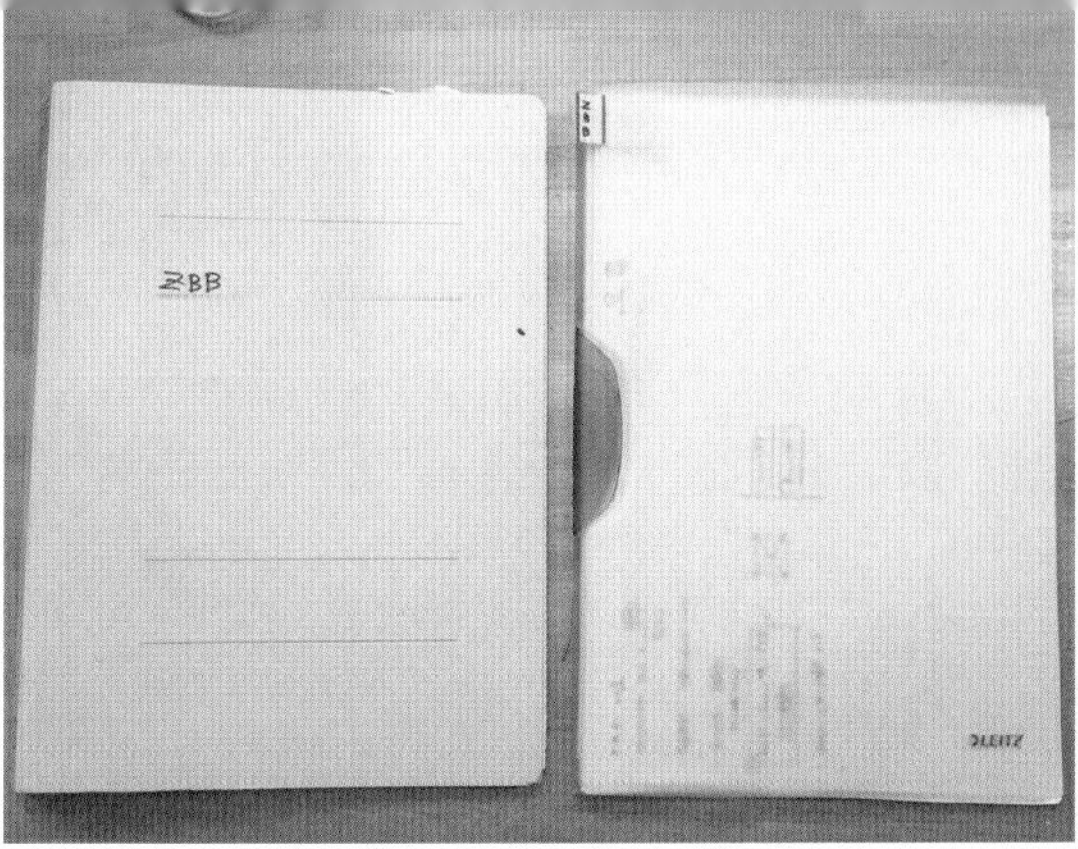

左がストック系書類のファイルで、右がフロー系書類のファイル。

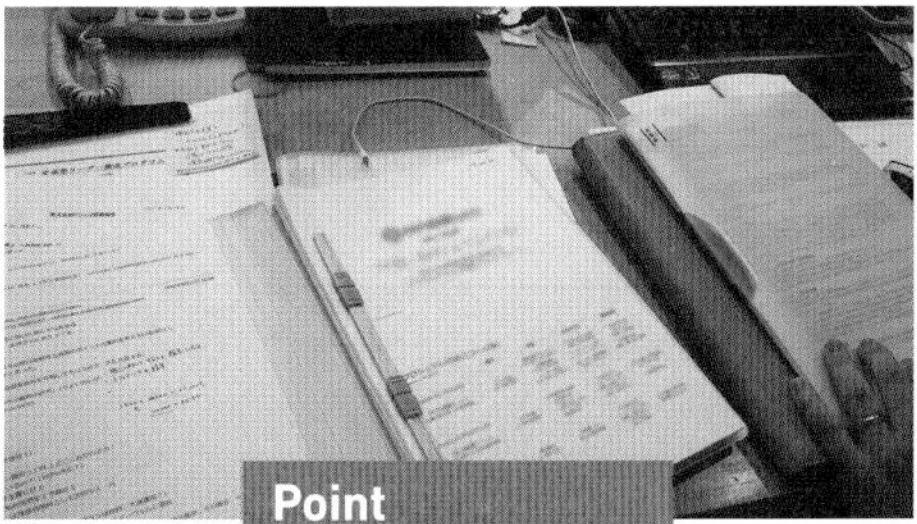

Point

書類は
フローとストック
の観点から分ける。

フロー系書類はデスクの上に収納する。

053 同じテーマは「一元管理する」

同じテーマの情報は、まとめておくと使いやすい

ひとつのテーマに関する情報は、バラバラのままにせず、集約して一元管理します。

たとえば、ある「Ａ」というテーマについて得た情報は、ネットで調べたこと、セミナーに参加したときの配付資料、セミナー受講時に撮影したスライドの画像、さらには、それに対して自分が構築したアイデアも合わせて、１冊のノートに切り貼りしてまとめます。

そうしておくと、情報が一元化されているので、あとから活用する際には、あちらこちらを探す必要がなく、とても便利です。

使用するノートは、Ａ４サイズのキャンパスノートです。紙面が大きく、切り貼りやアイデア出しに便利です。

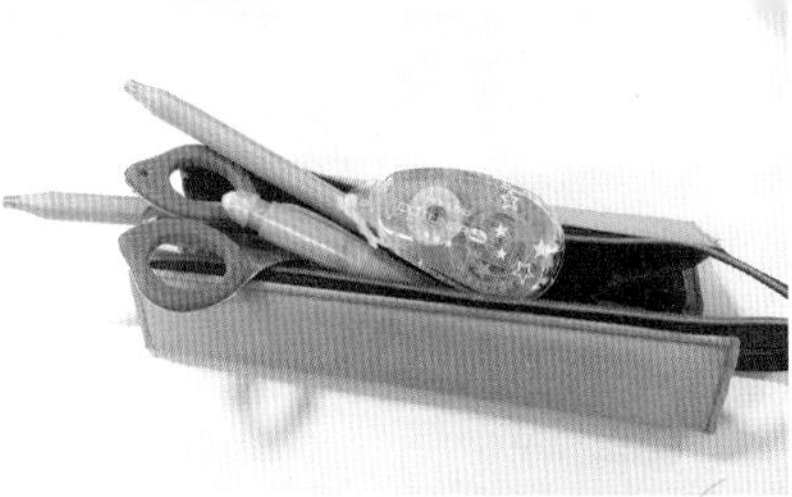

切り貼りするときに便利なのが、
ドットライナー（テープのり）と
小さなハサミ。
テープのりは手が汚れず、小さな
ハサミはペンケースに入るので
持ち運びしやすい。
この2つがあれば、外出先でも、
ササッとノートに切り貼りできる。

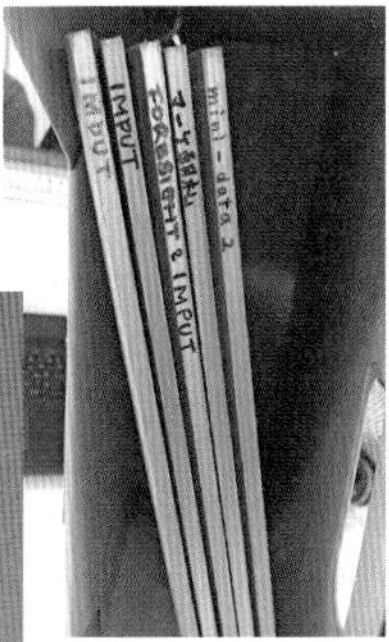

ノートはボックスに収納。
ひと目でどこに何の情報が
あるかわかるようにします。

Point

情報は
まとめておくと
活用しやすい！

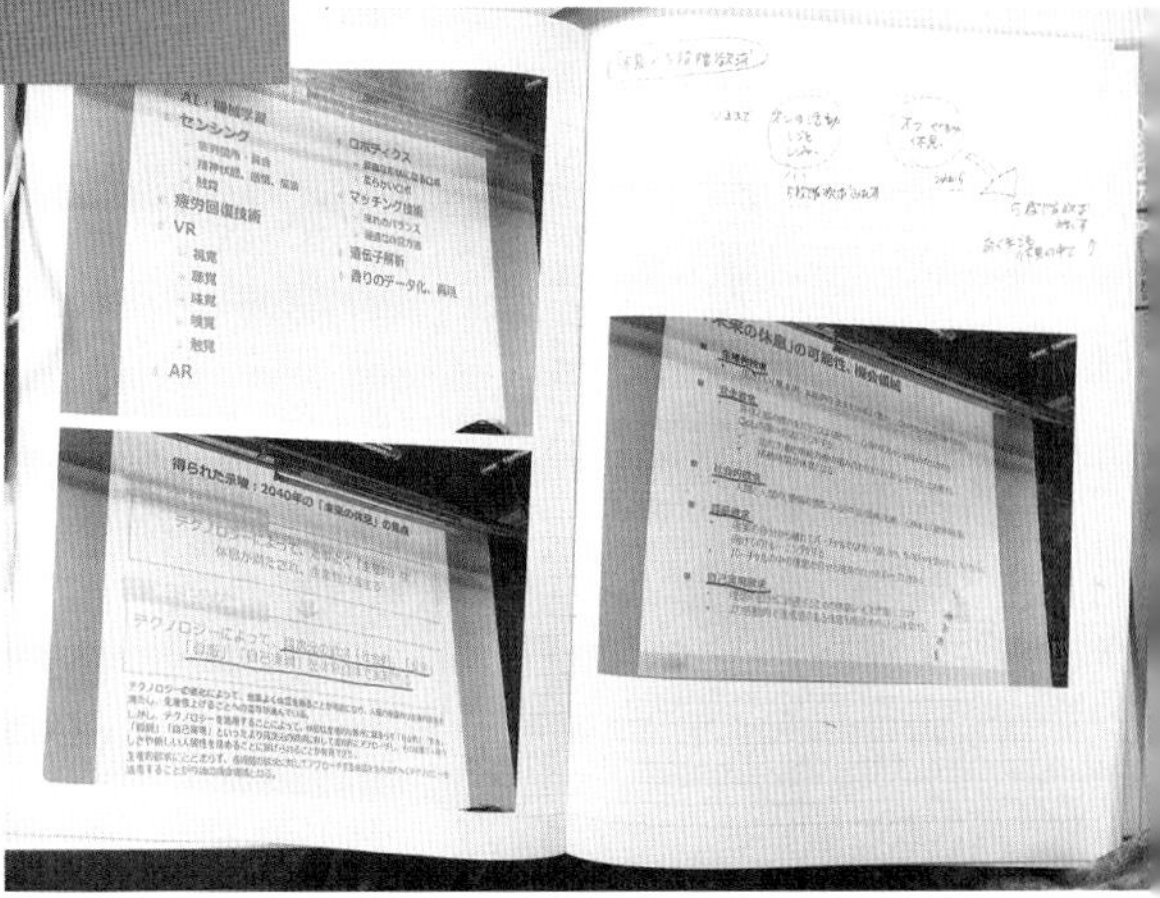

054 ラベルに「イラスト」を入れる

同形ボックスがズラッと並んでいる中で、瞬時に見つけられる

備品（文具や清掃用具など）の種類が多いため、補充コーナーが、ずっと片づきませんでした。

文具や備品が入っていたパッケージやダンボールを、そのまま収納用具として使っていると、サイズもバラバラですし、ごちゃごちゃして、全体で、どこに何があるかわかりにくくなります。

そこで中身だけ取り出して、小さいものと大きいものに分け、小さいものは「透明レターケース」、大きなものは「濃紺のファイルボックス」に統一して収納することで、見た目をスッキリさせました。さらに、ラベルにイラストを入れて、内容物がわかるようにしました。同じボックスが並んでいても、パッと見ただけで自分の欲しいものが見つけられるので便利です。

Point
イラスト入り
ラベルで
視認性アップ！

形状の異なるものを何種類も収納しなくてはいけないときには、入れ物を統一して中身を隠してしまうのも一案。
マーカーと掃除用の洗剤スプレーを並べて収納しているのに、見た目はスッキリ。

055

進行中の案件は「モバコ」で管理

自分の抱えている仕事の状況は、モバコを見ればわかる

モバコ（社内移動用モバイルバッグ）を中心に据えて、書類の管理をしています。

①進行中の仕事（書類）は、見出しを付けた個別フォルダーに入れて、バッグへ。

②毎朝バッグを確認し、個別フォルダーはバッグに収まる量にする（整理して、保存か廃棄する）。

③終わった仕事（書類）は、ボックスファイルに収納する。

この①～③を回すことによって、バッグの中に「現在、自分が抱えている仕事」がアップデートされた状態でそろっているため、書類や資料を探す時間が大幅に短縮できます。また、毎朝バッグの中身をチェックする際、仕事の期日や進捗状況の確認もできるので、仕事の遅れやモレを見逃しません。

モバイルバッグの中を管理することが、仕事全体の管理につながります。

仕事が終わったタイミングで書類を整理しようとすると、書類の量が膨大になりすぎて、取捨選択が面倒になり、「とりあえず保管しておこう」（＝書類が増える）というパターンになりがち。「常にこの中で管理する！」という意識が重要。

056 ハンガーは「虹色に分ける」

必要なものはマスキングテープのみ。ゆるやかな運用だから続けられる

秋冬になると、多人数ロッカーには、似たような色のコートやオーバーが掛けられます。男性物は紺や黒、そして、シンプルで同じようなデザインのものが多いので、一瞬で自分のものを見つけるのは困難です。

そこで、簡単に区別する方法がないか、と考えて生まれたのが「虹色ハンガー」です。やることは、ひとつ。すべてのハンガーの首に、マスキングテープを巻き、色や巻き方のバリエーションで判別できるような目印をつけることだけです。

仮に、それぞれのハンガーの所有者を決めてしまうと、「自分のハンガーがない！」「誰かが使ってる！」などと、わずらわしくなりがちです。ですが、虹色ハンガーなら、朝、好きな色のハンガーを選んで、その色をぼんやり覚えておくだけなので、さほど負担もなく、探すためのムダな時間をカットできます。

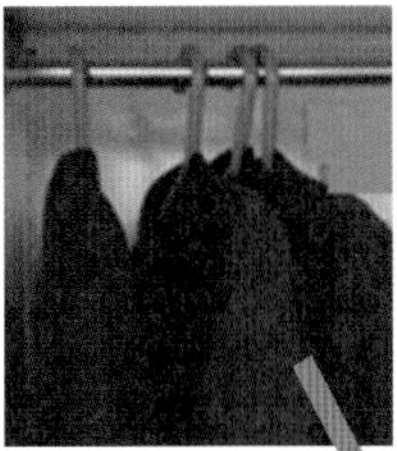

以前は、似たような
上着やコートが並ぶ中で、
自分のものを探すのに
苦労していた。

Point

ハンガーの首に
マスキングテープの
目印をつける!

「今日は、たしか赤色のハンガーだったかな?」
ぼんやりとでも、ハンガーの色を覚えていれば、
すぐに自分のものを取り出せる。

057 文具は「重さで分ける」

自分にとっての「重い」「軽い」で、ざっくり分ける

自宅にある文具を重さで分けて収納しています。以前は、すべてをひとつの箱に入れていましたが、取り出すときに、尖った部分やテープのカッター部に手が触れるので、「そのうちケガをしそうだな……」と感じていました。

自分なりに考え、この「ケガをしそうな感じ」の原因は、「軽くてかさのあるもの（ドットライナー、テープ類）」と「重さのあるもの（大きなはさみ、ドライバー、ホチキスなど）」の「混在」にあるのでは？　と思いました。

重いものは箱の下のほうにたまりますが、それらを取り出そうとするときに、周りの軽い文具が雪崩れ込んできたり、予想外の動きをしてジャマをする、そのときにケガをしそうに感じる、ということです。重さで2つに分けて収納するようになってからは、この心配もなくなり、欲しい文具を見つけやすくなりました。

Point

重さで分けて
収納する。

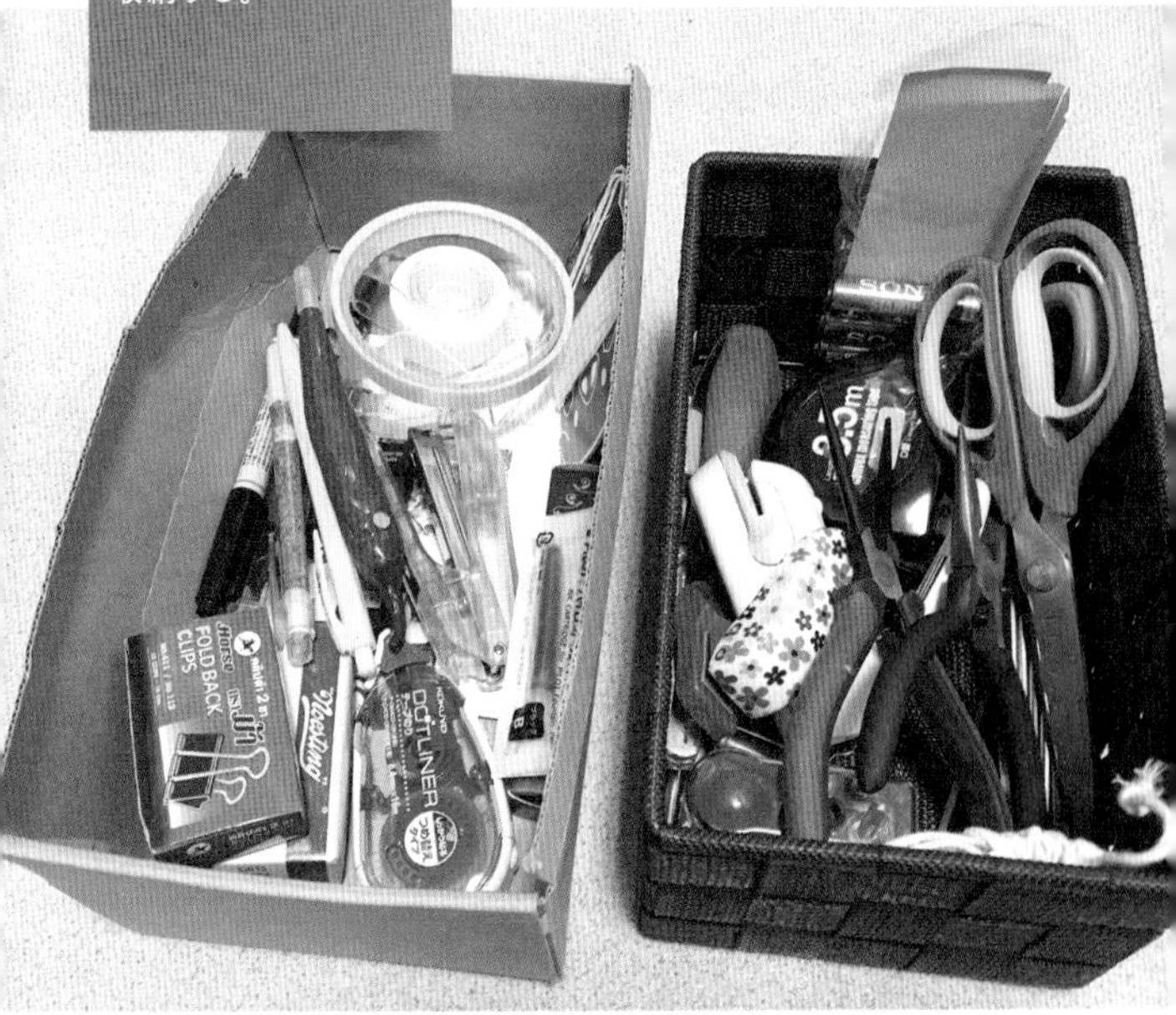

左が軽い文房具（両面テープ、ふせん、ドットライナー、クリップなど）。
右が重い文房具（はさみ、ドライバー、電池、ハリナックスなど）。
直感的に「重い」「軽い」で分けているだけなので、目的のモノを
見つけやすくて、元に戻すときもラク。

058 書類は「4つに分ける」

常に整理をしておきたいから、負担が少ないシンプルな方法で

職場では「クリアデスク」を推奨しています。これは、〝机の上を常にきれいにする〟という意味です。

私の扱っている情報は社外秘のものも多く、常に整理しておくことで、うっかり重要な情報を放置してしまったり、紛失してしまったりすることを防いでいます。そのため、まとめて整理するのではなく、普段からマメに整理ができるように、シンプルな運用を取り入れています。

具体的には、①未分類（クリヤーホルダーにガバッと入れる）、②進行中の個別案件（フラットファイル）、③大きなミッションでのくくり・アクティブ（リングファイル）、④大きなミッションでのくくり・保存（チューブファイル）の4分類で整理をしています。

Point

書類は
4つのどれかに
分類する。

ファイルの背表紙にふせんでタイトルを入れたり、フラットファイルにフリクションで書くことで、案件終了後、再利用しやすくしている。

左から、チューブファイル、リングファイル、クリヤーホルダー、フラットファイル。

059 「タイトル」はボールペン、「日付」は鉛筆で

廃棄の度に、インデックスの日付だけを更新する

書類は、簡単に廃棄したいので、クリップなどでは留めずに時系列で個別フォルダーに収めます（針なしステープラー「ハリナックス」は使用）。

個別フォルダーのインデックスには、鉛筆で日付を書き、消えないペンでタイトル（取引先名、案件名など）を記入します。そして、鉛筆で書いてある日付は、古い書類を廃棄するタイミングで書き直します。

たとえば、「A商事　2016.5～」というタイトルの書かれた案件の書類を2017年10月に整理したなら「A商事　2017.10～」と変更します。すると、閲覧する際には、いつからの書類が入っているのかがわかります。

いま使っている個別フォルダーは、収容量に限りがあるマチ付きタイプなので、書類が入りきらなくなったタイミングで廃棄を念頭に置いて整理します。

Point

日付は
書き直せるように
鉛筆で書く。

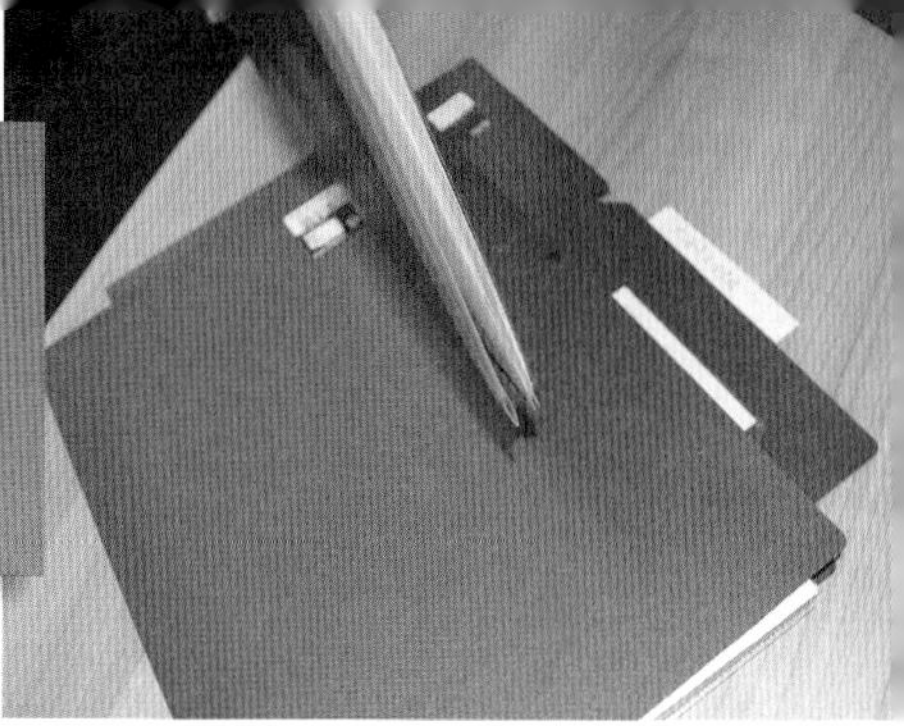

3辺がとじたタイプの個別フォルダー〈NEOS〉シリーズは、収納できる量に限界があるのが気に入っている。書類は少なければ少ないほど、探しやすくて、仕事もサクサク進む。個別フォルダーが膨れ上がるほど書類を詰め込んでいた頃には戻りたくない。

「月末」とか「2カ月ごと」などと決めずに、個別フォルダーに入りきらない書類が出てきたところで整理開始、そして廃棄する。

060 シールの「色で分ける」

顧客名を明記しなくても、書類をすぐに見つけられる

私の職場には、お客様が私たちの働いている様子を見学にいらっしゃいます（ライブオフィスといいます）。そのため、扉のない保管庫に収納しているファイルボックス（共用の保管書類）に顧客名を明記することができません。

そこで、顧客名を明記せずに書類の検索性を高める方法として、カラーシールを活用しています。大手取引先は、カラーシール（丸シール）を使用して、A社＝青シール、B社＝緑シール、C社＝赤シールで明示します。

それ以外の顧客については、「1」「2」「3」の数字が書かれたカラーシール（四角シール）を貼ったファイルボックスに「あいうえお順」で収納しています。

今後、さらに顧客が増え、ファイルの収容量が追いつかない場合は、「4」のシールを貼ったボックスを追加する予定です。

シールを貼る位置はファイルボックスの左上を厳守。
小さいシールなので、オフィスの景観も損なわない。

Point

取引先や
カテゴリーを
シールの色で明示！

今日、明日に取り組む業務の書類は「仕掛中ボックス」に入れる（下段の左。「KaTaSu（カタス）」のグレーを使用）。個人の書類も、シールに対応したカラーで仕分けしているため、顧客名を明記しなくてもスムーズに書類を取り出せる。

この章で使えるアイテム!

Part 3

気持ちよく使う「結果を出す」メソッド20

仕事が楽しく感じられると、生産性アップ！
「気持ち」を動かす環境をつくる

061

「使いやすさ」＋「楽しさ」にこだわる

使いやすいだけでなく、見た目も楽しく！

カラフルなペンは、すべて仕事の必需品。仕事で余ったサンプルや廃材を組み合わせてつくったペン立てに収納しています。よく使うものを取りやすく配置しただけですが、ちょっとしたインテリアショップのようだと周りから言われています。メガネ置き場は、普通の透明な画びょうを壁に刺しただけ。手間をかけずにスッキリ収納できました。

父の日のプレゼントでもらった盆栽やお気に入りのオブジェも、サンプルや廃材を組み合わせて陳列台をつくって飾っています。

散らかったデスクにオブジェを置いてもカッコよくはなりません。ゆえに、常に整え、清潔感のある環境を維持しています。

Point

廃材を活用した
こだわり収納で
気分が上がる！

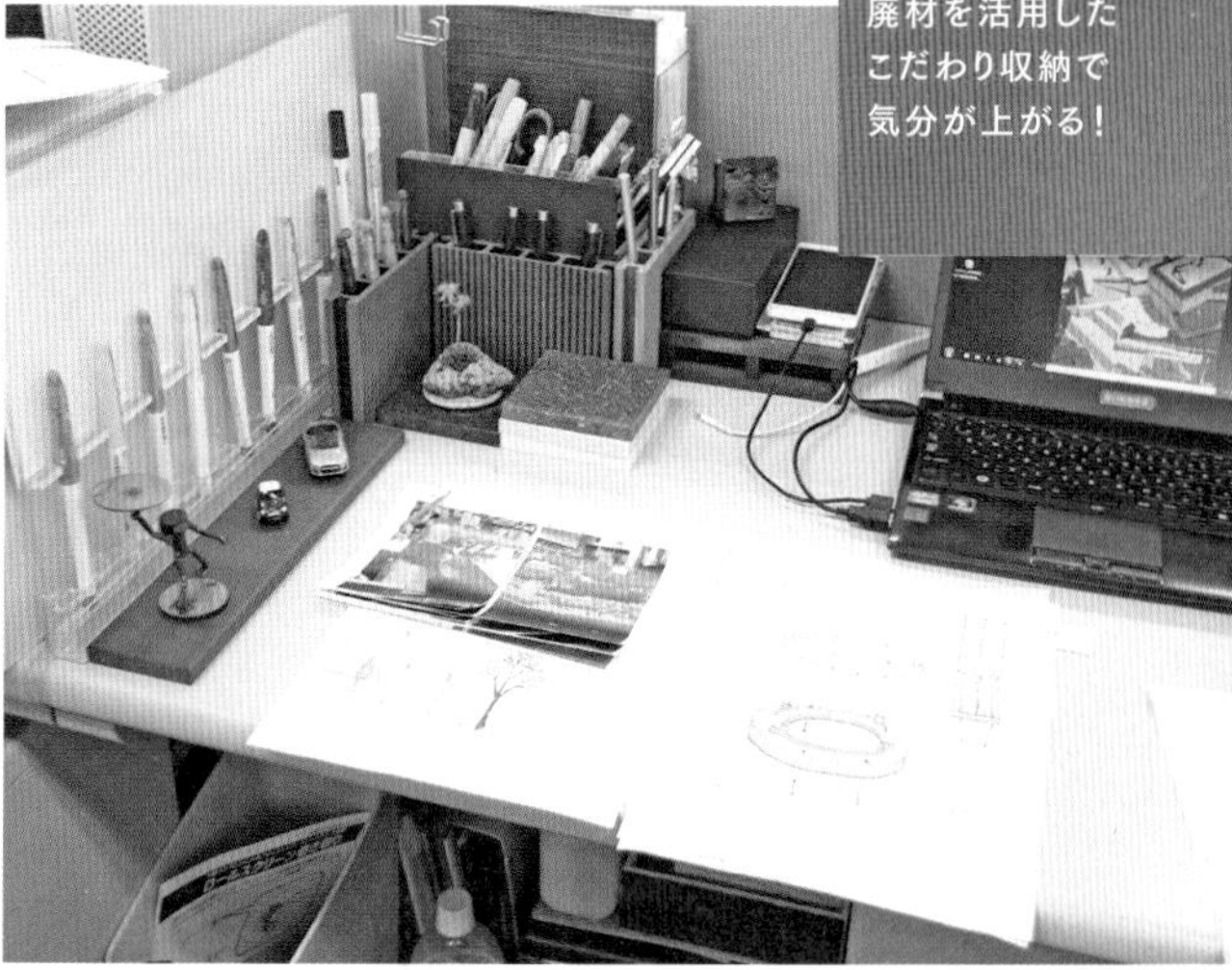

よく使うものを取りやすい場所に置く。ペンの並び順にもこだわっている。

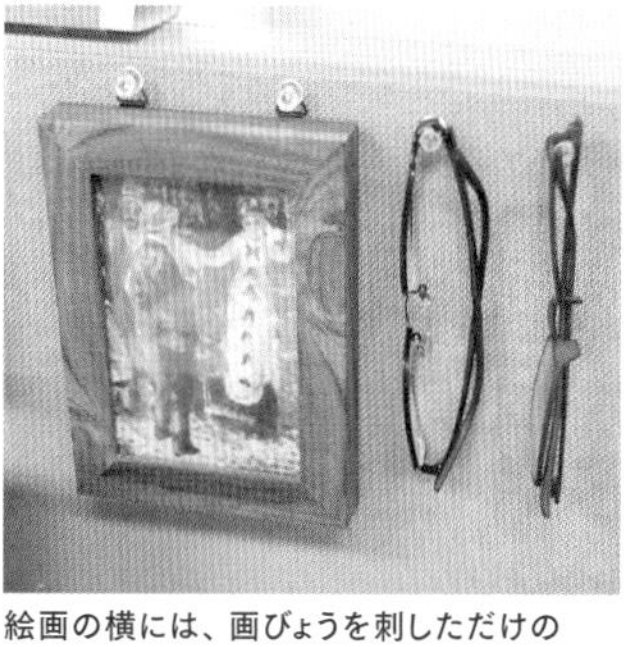

絵画の横には、画びょうを刺しただけの「メガネ掛け」。

電話機の下には、目にやさしい若草色の芝生がある（床材のサンプル）。
心穏やかに電話応対ができる（はず）。

062 ToDoリストは「見える化」する

ToDoが常に目に入るから、やる気になる！

やるべきことを忘れたくないので、ToDoリストは、新入社員のときからの必需品でした。けれども、ToDoを書いたふせんをデスクやパソコンにペタペタ貼っているときのゴチャゴチャした感じが苦手でした。そこで一時期は、手帳の中にふせんを貼ることにした（隠してみた）のですが、ToDoを見るために、わざわざ手帳を開くのが面倒で……。この方法は断念しました。

そんなとき、ふせん専用スタンド「カウネット メモスタンド ふせん置き付き」があることを知り、使い始めました。

ふせんを貼る場所を定めたことで、ゴチャゴチャしたイヤな感じは解消されました。そして、このメモスタンドは、縦の空間を使うので、デスクのスペースをそれほど必要としないことも気に入っています。

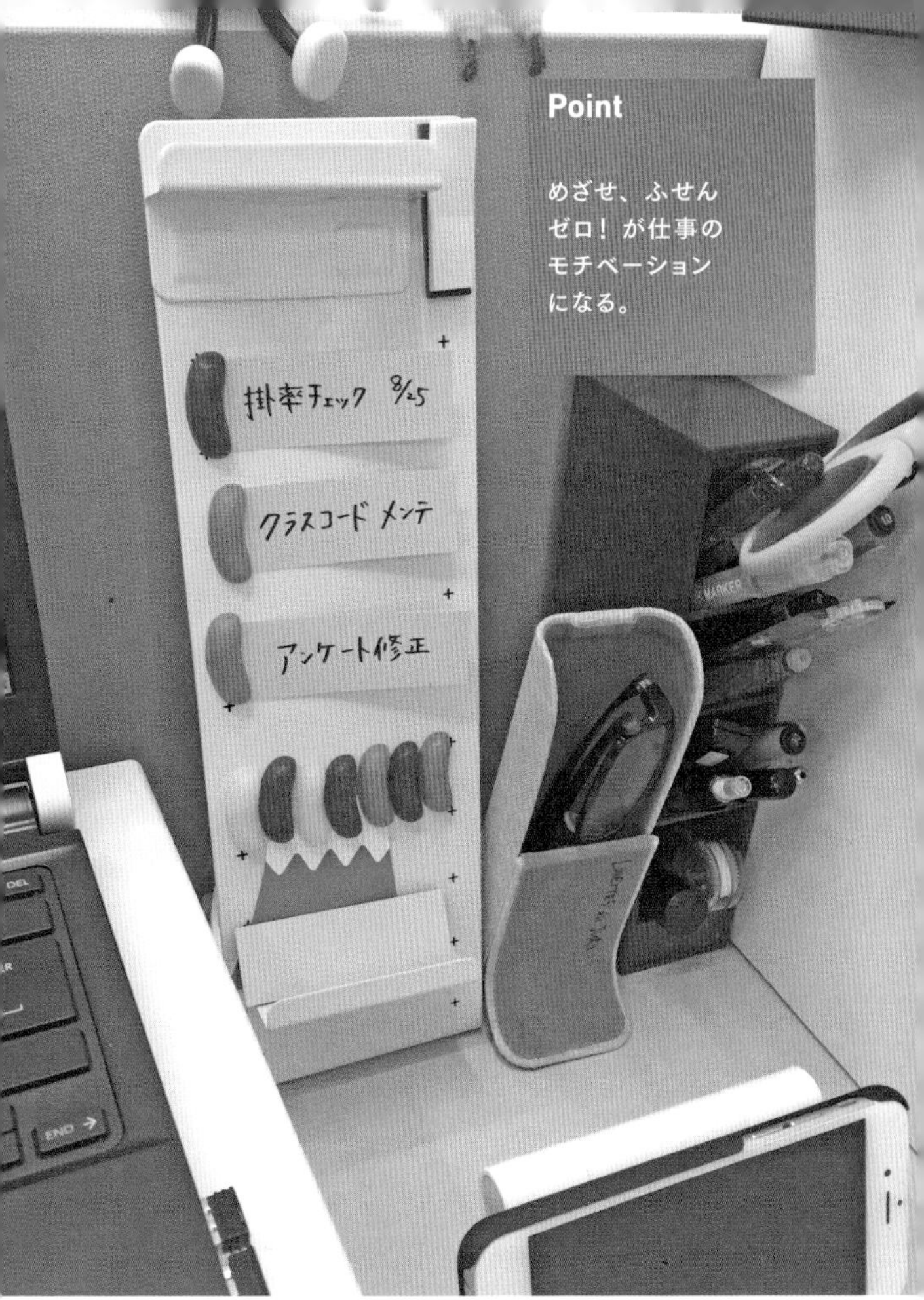

Point

めざせ、ふせんゼロ！が仕事のモチベーションになる。

ふせんが行方不明になることがなくなった。また、ふせんも主張してくれるので、本来の目的（忘れ防止の役割）もキッチリ果たしてくれる。

063 「未処理の書類」は目の前に置く

自分へのプレッシャー&周囲に目を光らせてもらう

すぐに処理はできないけれど、必ず処理しなくてはいけないような書類（請求書など）は、クリヤーホルダーに入れて、グループの共有トレーに仮置きします。

このトレーは本来、グループのメンバーが処理済みの伝票を入れるトレーとして支給されたものなのですが、自分はあえて、処理済みではない伝票も入れています。自分にとって、このトレーは「仮置き場」です。ちょうど私のデスクの横にあり、常に視界に入ります。ここにクリヤーホルダーがあると、「そうだ、やらなくては！」と感じるので、自分へのプレッシャーになります。

また、月末が近づいてくると、グループのメンバーの誰かが「まだ入っていますよ、大丈夫ですか？」と教えてくれることもあります。周りからのチェックが入りやすくなり、締め切りに遅れることがなくなりました。

Point

未処理の書類は
トレーに
仮置きする。

仮置き用のトレーは、自分のデスクの横にある。しかも、
ちょうど目の高さにあるので、毎日、視界に入っている。

064 テレワークでは「好きなもの」を視界に置く

好きなものに囲まれていると、楽しい気分で作業に向かえる

自宅の作業用スペースには、好きなものだけしか置いていません。

壁面収納（書棚）に向かって座っているので、作業中、パソコンの画面から目を離したときに、パッと、棚に飾っているカメラやオブジェが目に入ってくるのが心地よく、モチベーションアップにつながります。オブジェの中には、自分が開発したチェアの模型もあります。

以前は、居間のダイニングテーブルにノートパソコンを置いて作業をしていました。しかし、ダイニングテーブル＆ダイニングチェアの組み合わせで長時間の作業をしていたところ、首と腰に違和感＆痛みが……。

現在は、テーブルの置き場所を変えるとともに、オフィスチェアとデスクトップ型のパソコンを導入して、痛みから解放されています。

Point
気分よく
作業したいから
好きなもの
だけを置く。

書棚と向かい合わせに座っているとモノも取りやすい。
腰痛から解放してくれたこのチェアも、自分がデザインしたもの。

065

お金関係の書類は「黄色のファイル」に入れる

お金がかかわることには、イエローやオレンジのファイルを使う

普段使っているクリヤーホルダーの色は、基本、透明（クリア）です。ただし請求書などのお金がかかわるもの、コストに関する書類は、イエローやオレンジを使っています。

その理由は、風水では「黄色が金運によい」とされているからです。

効果のほどはわかりませんが、「お金まわりがよくなりますように」「無事に案件が完了しますように」と願いを込めて仕事をしていると、実際にそうなってくれそうな気がします。

また、お金にかかわる書類には重要なものが多いですから、色で目立ってくれることで、「あのファイル、どこだっけ?」ということがなくなり、業務上、助かります。分厚いファイルの束の中でも、一瞬で見つけられます。

複数の案件ファイルが
並んでいる場所でも、
黄色系のものはよく目立つ。

Point

お金関係は
イエローやオレンジの
ファイル！

ボリュームのある案件も少なくないが、
イエローのクリヤーホルダーは一瞬で見つけられる。

066

機能は「兼用しない」

機能をまとめてコンパクトにすることは、必ずしも正しくない

持たなくて済むものは、なるべく持たないようにしています。以前はステープラーも所持していましたが、いまは共用のものを使うようになりました。最近は、消しゴムも個人で所有しなくてもいいかも……と考え始めています。

このように、持ち物は極限まで減らしているのですが、なくせないものもあります。そのひとつがタイマーです。

私は、仕事の作業効率をアップさせたいときに、時間を「15分」で区切って取り組んでいるのですが、その際、スマートフォンのタイマーを使ってしまうと、タイマー画面を見る度に「あ、新着通知があるな」と気になったり、脱線してネットのニュースを見てしまうことも……。ですから、タイマーはスマホの機能で兼用せずに、音が出ないバイブ機能付きのタイマーを持つのが理想的です。

Point

機能が限定された
タイマー専用機を
持ち歩く。

ボーッとしていると、
「15 分」は、あっという間。
たった「15 分」の
集中の積み重ねが
生産性をアップさせる。

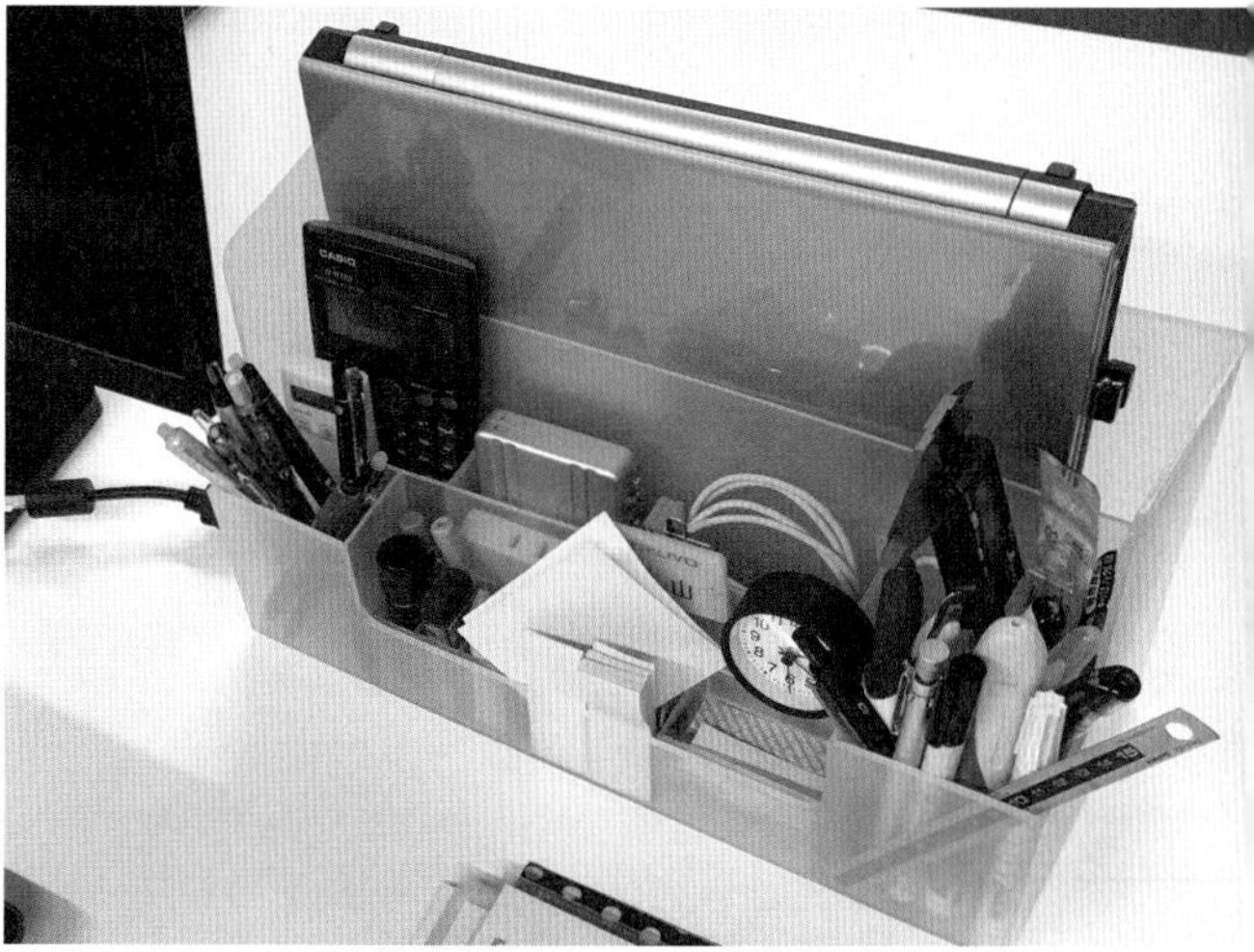

フリーアドレスで、固定席は持たない。
文具は収納スタンドにひとまとめにしてあるので、その日のデスクに置けばよい。

067

「仮置きのスペース」をつくる

最終目的地のそばに「とりあえず」の置き場所をつくる

いつでもテキパキと整理をしておけば、部屋がスッキリ片づいて気持ちよく過ごせることはわかっているのですが、誰しも、忙しくて、整理の時間を捻出できないときがあります。

そんなときには、仮置きスペースを活用しています。

散らかりがちな書類の場合は、最終的に収納する場所の近くに仮置きスペースを決めておきます。整理する時間が取れないときは、とりあえずここに入れてしまうことで、部屋のどこかに置きっぱなしで行方不明になったり、部屋を散らかす原因にもなりません。

この仮置きスペースの書類がどんどんたまってくると、「片づけねば！」という意欲も自然とわきます。そのため、忘れっぱなしにはなりません。

ファイルボックスのラベルをテプラやプリンターで出力するのはハードル高め……。
やっても長続きしない気がするので、ふせんに手書きしている。

068 帰宅時にはデスクを「何もない状態」にする

「仕事のゴール＝何もないデスク」が気持ちいい！

固定席であるため、油断をすると、ついつい書類や文具を散らかしがちです。

そうしないために、「帰るときには、デスク上に何もない状態にする」というマイルールを決めて、厳守しています。

「最終的に、何もない状態にする」という意識を持つと、日頃から、不要なものをため込まず、捨てる習慣が身につきます。また、デスク上のモノをキャビネットにしまうにも、収容量は無限ではありませんから、キャビネット内の整理も積極的に行うようになりました。

そして、何よりもこの運用をしてみてよかったのは、一日の終わりに何もないキレイなデスクを見るのが気分よく、オンとオフの気持ちの区切りがつけられることです。この瞬間の気持ちよさが、仕事を終わらせる原動力にもなっています。

Point

帰宅時には
デスクの上には
何も置かない！

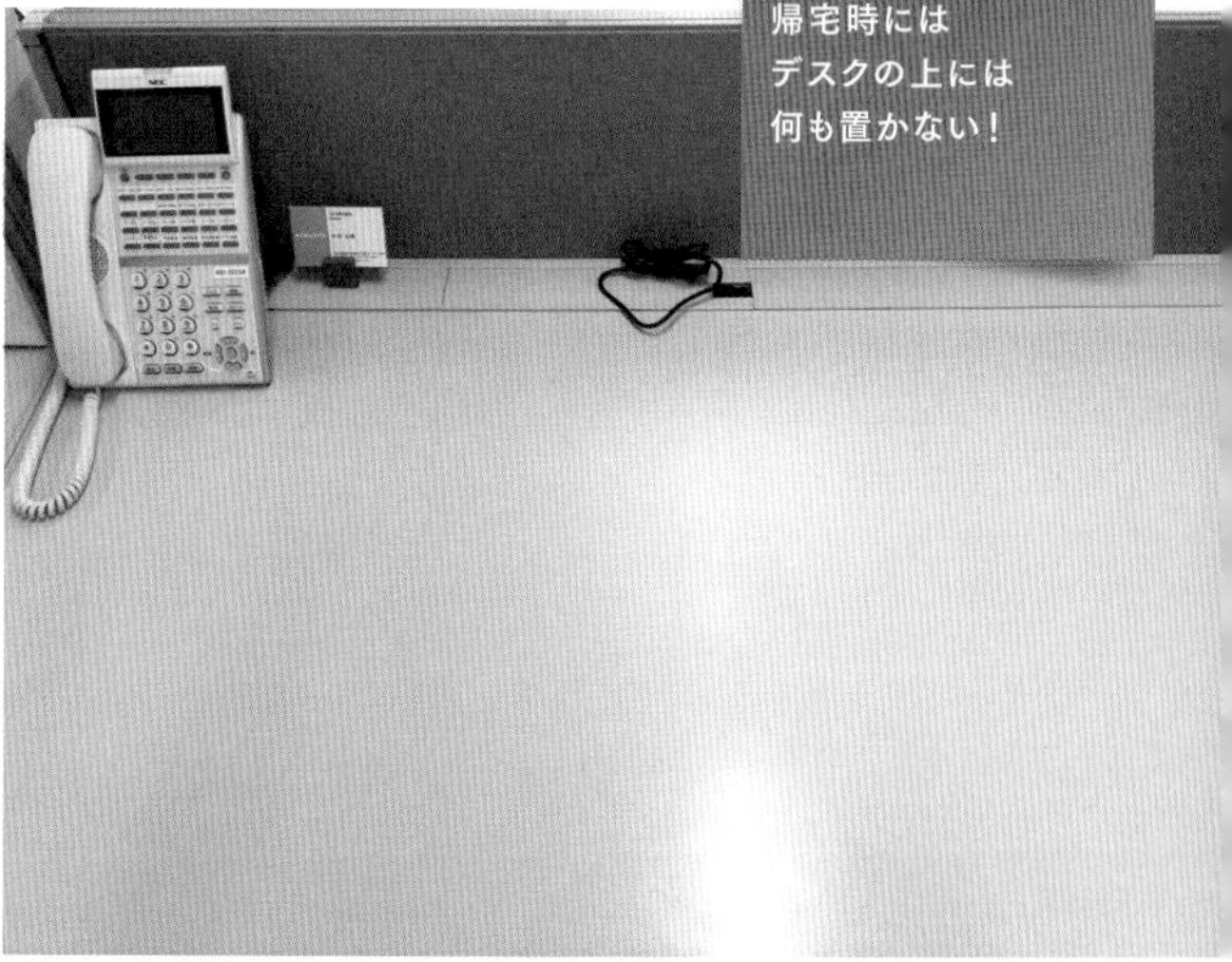

すべてを片づけて、きれいになったデスク。
「片づけながら、不要なものは処分」を毎日繰り返しているので、あまりモノは増えない。

069 「資料を配置」してから仕事をはじめる

仕事の性質が可視化されると、働きやすい

自分の固定席がありますが、終業時には、机の上の資料をすべて片づけてしまい、きれいな状態にします。また、翌日取り組む仕事の資料は、忘れないようにノートに挟んでから帰ります。

翌日は、仕事をはじめる前に、まず、資料を配置します。資料を置く位置にはこだわりがあり、ノートパソコンの左側に「これからすぐに使う資料」、そのさらに左側に「後で（本日中に）取りかかる資料」を置きます。ノートパソコンの右側には、タイミングを見はからって上司に持っていく資料やコピーする予定の資料などを置きます。こうしておけば「上司に渡す書類どれだっけ？」とは、なりません。単純なルールですが、「資料の置き場所」と「自分がやるべきこと」が明確になるので、効率的に業務を遂行できます。

ノートパソコンの左側に、
これから使う資料を置く。

Point

仕事開始前に
資料を
配置する。

ノートパソコンの右側には、上司に持っていく資料などを置く。

070

「紙とアプリのふせん」を使い分ける

急ぎのものは「紙」、それ以外は「アプリ」でメモ

急ぎや本日中にやらなくてはいけないことは、紙のふせんに書いて、パソコンやノートに貼ります。使っているのは、全面に「のり」がついたタイプのふせん「ドットライナーラベルメモ」です。ヒラヒラしたり、引っかかってはがれる心配がなく、かつ、はがしやすいのも気に入っています。

そこまで急ぎでないことは、パソコンのデスクトップに表示するアプリのふせんを利用しています。記入するタイミングは、基本的には終業前。翌日や近日やるべきことを書き出しています。そのほか、よく使う情報（今月のキャンペーン商品など）をメモすることもあります。以前はノートに書いていましたが、ノートを開くのが手間に感じられ……。現在、事務作業の大半がパソコン使用によるものなので、デスクトップ上でメモ&破棄できるアプリが便利です。

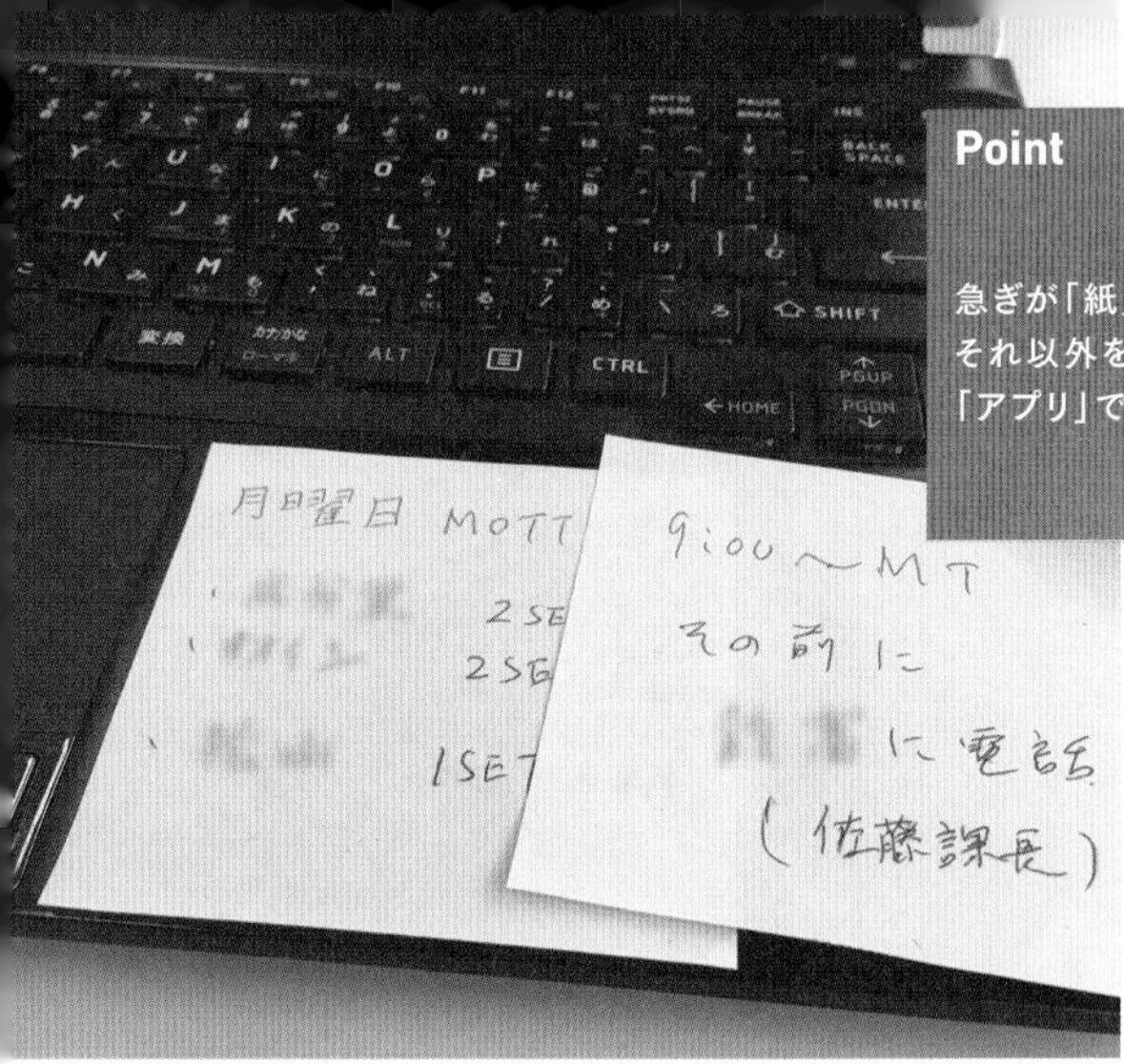

Point

急ぎが「紙」、
それ以外を
「アプリ」で表示！

急ぎや重要なものは、目につく場所に貼って、存在感を出す。

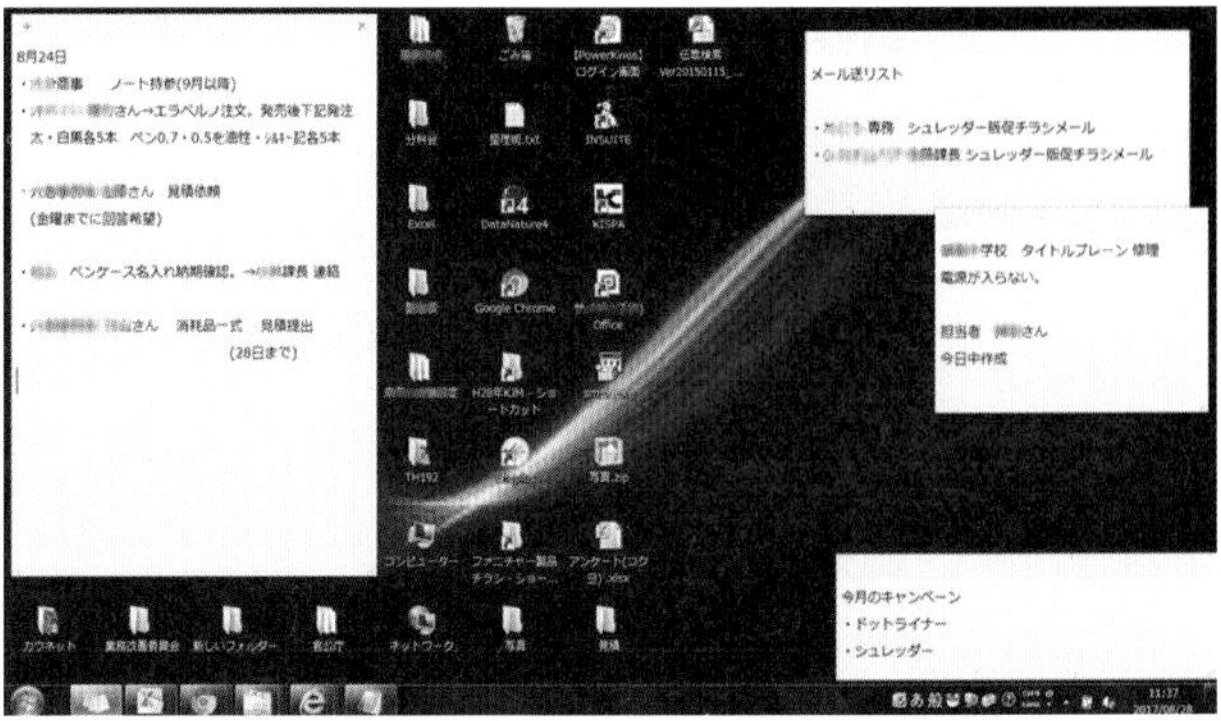

デスクトップ上に表示されているアプリのふせんは、用が済んだら、
閉じる(消す)。使ったあとにゴミが出ないのが便利。

071 デスクには「2つのボックス」だけ置く

「左の箱の中身をからっぽに！」がモチベーションになる

自宅のデスクの上には、ボックスを2つ置いています。左端に置いてあるのが「未処理ボックス」、右端に置いてあるのが「処理済みボックス」です。

家庭でも、こまごまとした書類があり、「忘れないようにしなければ！」と、目につきやすい居間のテーブルの上などに置いておくと、逆に、ほかのものに紛れてしまったり、どの書類が処理済みかわからなくなりがちです。

この方法ですと、単純に2つの状態に分けているだけですが、確実に未処理のものがなくなりますし、未処理のものが減っているのが目に見えて明らかですから、「処理をしよう」というモチベーションがわきます。

「処理済みボックス」に入ったものは、週に一度まとめて整理し、不要なものは処分し、保管が必要なものは棚に移動して保管します。

Point

未処理と処理済み
のボックス
2つを置く。

デスクの上には、なるべく余計なものは置かないようにして、
すぐに作業に取りかかれる状態をキープしている。

072 デスクの上は「タテ」と「ヨコ」を意識する

整った空間をつくるコツは「タテ」と「ヨコ」

デスクは、一日の大半を過ごす場所なので、気分よく仕事ができる環境づくりは必要だと思っています。

たとえば、仕事中に散らかったデスクが目に入るとイヤな気分になり、モチベーションが下がるので、デスクの上は、常に「タテ」「ヨコ」を意識して整えています。

書類やファイルボックスをまっすぐに収納することはもちろんですが、メモ書きやＴｏＤｏを書いたふせんを貼るときに、「まっすぐ」を気にして貼ります。小さな文具や印鑑、電卓などの細かな備品も、そのままバラバラ置くと乱れの原因になるので、デスク上に四角いレターケースを置き、その中に収納しています。

Point

まっすぐきれいに
整えられた空間で
気分よく働く。

手帳などを何気なく置くときにも、まっすぐに置く。タテとヨコを心がけていると、自然と四角いものが増えてきた。机上ファン（扇風機）も四角いイメージ。

073

「優先」「次点」をファイルボックスで管理

ファイルボックスの中で書類の優先度が可視化される

デスクの中央付近、パソコンの横にタテ型のファイルボックスを置いています。このファイルボックスは、真ん中に仕切りがあり、左右に分けて収納できます。

私は、この仕切りの左側に「優先（急ぎで処理しなくてはいけないもの）」、右側に「次点（次に処理しなくてはいけないもの）」の書類を入れて使っています。

「左側の書類がどんどん減ってきて、今日はスムーズだな」とか、「右側の書類がやけに増えてきたから急がないと！」などと、処理量が日に見えるので、仕事を片づけるモチベーションにつながっていると感じます。

そして、頭であれこれ考えず、感覚的に左右のファイルボックスに投げ込むだけなので、運用的にもまったく負担を感じません。

Point

左側が優先。
終わりしだい右側
に取りかかる！

〈KaTaSu〉シリーズのファイルボックスは可動式の取っ手付き。持ち歩けるので、自分のデスク以外の場所に持ち出して、集中して作業することもある。

ファイルボックスの色は、自分のラッキーカラーのグリーンを選択。

074

「仏像ファイル」を使う

業務を力強くサポートしてくれる、お役立ちファイル

業務上、上司や同僚に書類のチェックや押印をお願いすることが頻繁にあります。その際、書類をクリアファイルに入れて渡すのですが、ファイルには、依頼内容と自分の名前を記入したふせんを貼っています。依頼する内容は、だいたい決まっているので、事前に「押印お願いします。矢部」と書いたふせん付きのファイルを5、6枚用意しておき、それらを使い回しています。

最近、よく使うファイルは、「しゃべる仏像」シリーズです。なんとなく、このファイルに入れてお願いすると、早く戻してもらえるような気がします。渡した人のデスクの上でも存在感があるようなので、無言の圧力を感じるのかもしれません。戻しが遅くなりがちな人に対しては、怖い顔のファイルを選んで渡すこともあります。

ふせんを吹き出しの形にして、
仏像がしゃべっているように
貼付する。

Point

仏像から
依頼してもらう。

075

「掃除道具」もオシャレにしまう

ふた付きのカラフルなバケツの中には？

週に一度、10分間、社員が全員参加して掃除をするという時間を定めています。オフィスに在席している人は、みんな作業を一時中断して、身の回りの清掃を行います。ただし、各自が自由に掃除をしてしまうと、目の届く範囲が限られてしまい、いつもピカピカになる場所と、放置されたままの場所が出てきてしまいます。そこで、整理整頓の内容や担当エリアを決めて割り付けをして、オフィス全体に目が届くようにする工夫をしています。

その際、掃除のモチベーションを上げるのが、ちょっとオシャレなバケツ型の収納ボックスです。中身は普通の掃除道具ですが、カラフルで、「ザ・掃除」とはほど遠いデザインです。いつもオフィス内の個人ロッカーの上にズラッと並べているのですが、落ち着いた色調で、来客にも、掃除バケツだとは気づかれません。

Point

オシャレな
バケツで掃除を
楽しく!

ちょっと面倒……。そんな気持ちを色やデザインで払拭。
よくある「プラスティックの水色バケツ」には戻りたくない。

中身は普通の掃除道具。

076 自分用ファイルはスタイリッシュに

自分だけが使うから、自分好みのラベルをデザイン

個人で使う大きめのファイルは、インテリア感覚で収納できるように、ラベルをスタイリッシュなデザインに変えています。

極端に言うと、中身が何なのかは、自分のみわかればいいので、デザイン重視で、ラベルの文字が読みづらくても構いません。自分のデスクに置いて、常に目に入るものですから、見た目には、ちょっとこだわりたいです。

逆に、部署のみんなで保管している資料や雑誌をファイリングするようなときは、ラベルの文字は、「大きく」「太く」「シンプルに」を心がけます。

年度版があるものは年度も忘れずに記入し、「社外秘」の資料には、それがハッキリとわかるように文字の色を変えるなどして、誰が見てもわかりやすいように、視認性を高めることを最優先にします。

Point

好きなように
ラベルを
つくる。

自分だけが使うファイルは、
タイトルのわかりやすさよりも、
格好よさを優先する。

みんなが使うファイルのタイトルは、
視認性を優先して、大きく太い文字
で表記する。

077 「運気アップコーナー」をつくる

ポジティブな気分が作業効率のアップにつながる

デスクの一角には、一見、仕事とは関係なさそうに見えるグッズをあれこれ置いています。ですが、私にとっては、必要なものばかりです。

レトロな4個の薬瓶は、クリップ入れです。マスキングテープは、気分によって使い分けたいので、タッチの違う絵柄を４つ並べています。鮮やかなブルーの小皿には、モニターやデスクの汚れを拭くためのクロスを数枚、入れています。

お清めの塩や幸運グッズ（招き猫や象の置物など）も、仕事に向かう気持ちを盛り上げてくれる大切な存在です。

余計なものを何も置かないほうが仕事に集中できるという人もいるかもしれませんが、私は、好きなものをそばに置いているほうが、ポジティブな気分で仕事に取り組むことができ、結果、作業効率もアップするようです。

Point

好きなものを
集めたコーナーを
つくる。

ハードワークが続くときにも、ふと、このコーナーを見ると癒される。
職場の人たちも注目しているコーナーなので、塩も交換し、清潔な状態を保っている。

078

出社したら「まず整理」

朝のフレッシュな頭のほうが効率的に整理できる

整理や片づけといった作業は、夜（帰宅前）ではなく、朝（出勤直後）に行います。紙の書類だけではなく、パソコンのメールやデータの整理も同様です。

以前は、その日の仕事を終えた帰宅前に行うことが多かったのですが、夜の疲れた頭では時間がかかり、効率が悪いように感じられたので、思いきって、朝に整理することにしました。

出勤後、その日のＴｏＤｏを整理する習慣もありましたので、そのタイミングで、前日の仕事の整理も一緒に行うことにしました。

前日の整理とその日の準備を同時に行うようになって、ＴｏＤｏのヌケモレがなくなり、廃棄する資料の取捨選択も容易になりました。私の場合、朝のフレッシュな頭のほうが仕事の精度も上がり、時間短縮できて効率的です。

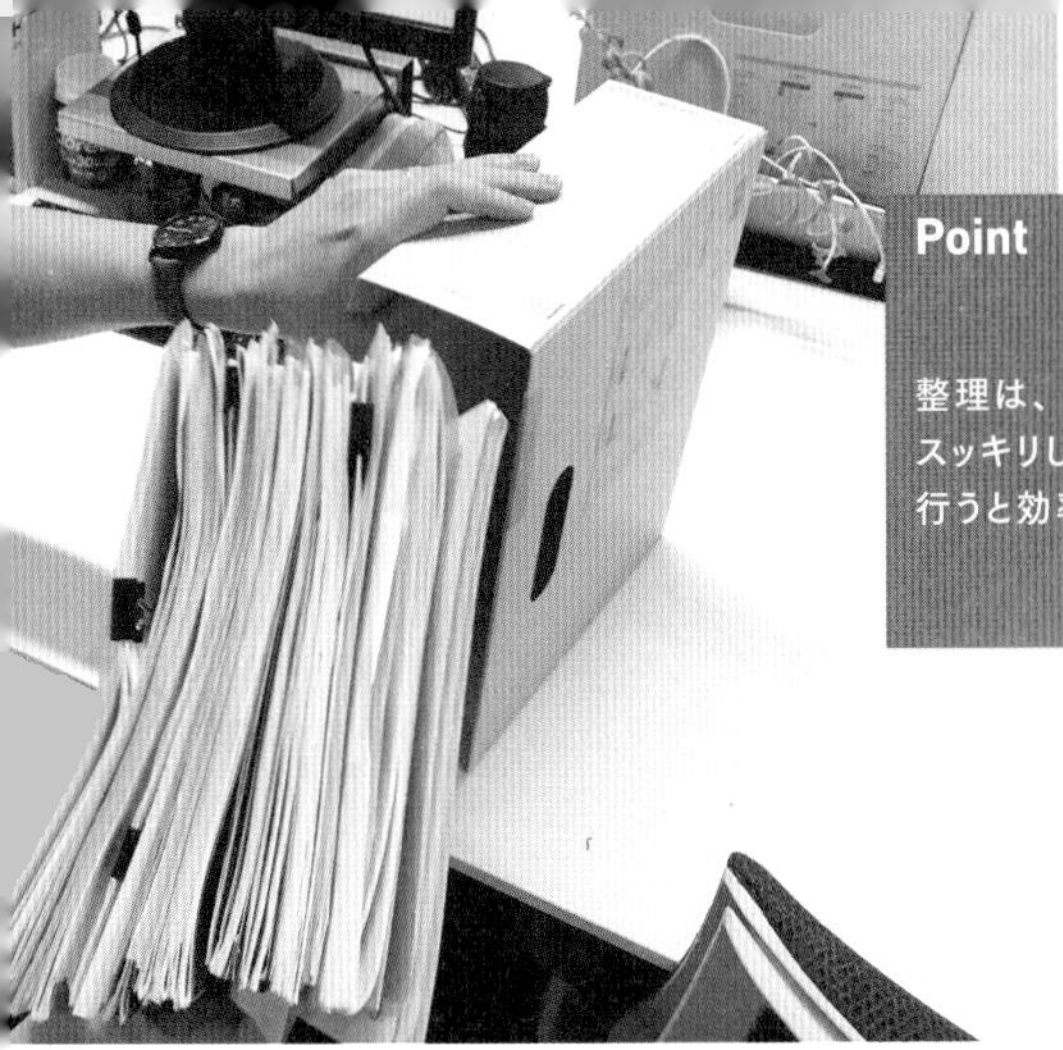

Point

整理は、朝に！
スッキリした頭で
行うと効率的！

朝一番、ファイルボックスから、
昨夜、整理をせずに放り込んだ大量の書類を取り出す。

カレンダーとToDo
（Googleカレンダー、
Google keep）を立ち上げて、
本日のやるべきことを
確認しながら書類を整理する。

079

「1冊のファイル」にまとめる

1冊のファイルにまとめることで達成感を味わう

ガバットファイルは、書類の収容量に応じて、背幅を1ミリ~10センチの範囲で変えて使えるファイルです。たとえば、各部門の課題を集約して事業計画を立てるような業務で使う場合は、ファイルの使い始めは10数枚でスタートしますが、議論を重ねていくごとに資料が増えていき、年度末には厚みが最大収容量である10センチに達するほどの枚数になります。

1冊にまとめる利点は、論点を時系列に閲覧できることです。また、議論を重ねていく過程で、ファイルの厚みも増していく手ごたえは、実感をともなった達成感につながります。

業務終了後はファイルの書類を処分します。この行為自体が新たなタスクに取り組む儀式となり、高揚感をもって気持ちを切り替えていくことができています。

使い始めの薄いとき。

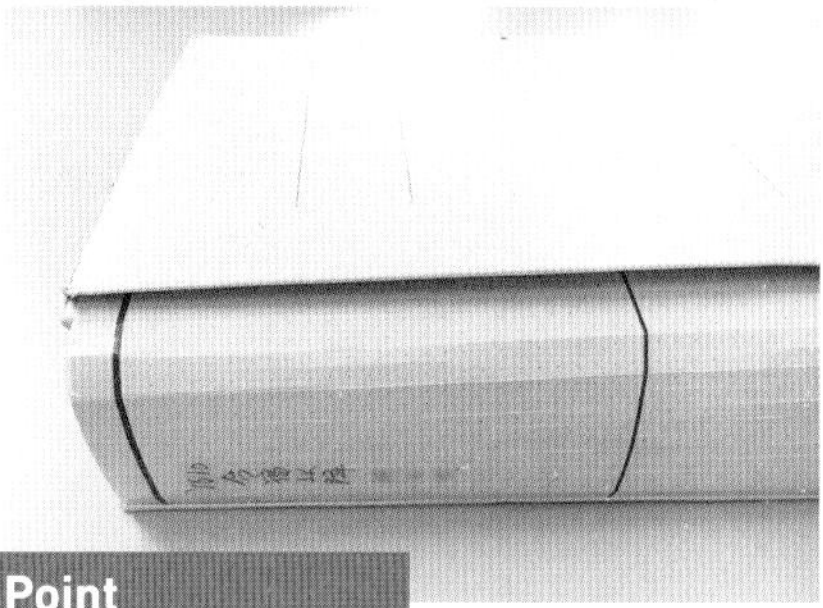

使い込んで厚みが増してきた段階のファイル。

Point

すべて1冊にまとめる。

社内随一の「ガバットファイル使い」。
ガバットファイルのヘビーユーザーとして、商品開発の担当者から実態調査のインタビューを受けることも。

080 職場と自宅で同じ文具をそろえる

荷物を減らすために、パソコン以外のものを2つ用意する

自宅で仕事をすることも多く、以前は、ノートパソコンのほかにマウス、ACアダプターなどの付属機器とケース、ペンやハサミなど仕事に使いそうな文具一式が入った大きめの筆箱をビジネスバッグに入れて常に持ち歩いていました。

しかし、あるとき重たいバッグを持っていることで腰が痛くなり、なんとか荷物を減らせないかなと考えました。結果、「仕事に使う道具を2セットそろえて職場と自宅に置いておけばいいのでは？」と思いつき、実行しました。ほとんどの文具は同じ種類の色違い。もちろん、マウスとACアダプターも買いました。

いつも持ち歩くのは、ノートパソコン本体とノート1冊だけになり、非常に軽くなって腰痛も緩和されました。最近は、ビジネスバッグも薄いものに買い替え、疲労度が少ない快適な通勤ができるようになりました。

会社のデスク。パソコン本体以外は、すべて会社に置きっぱなし。

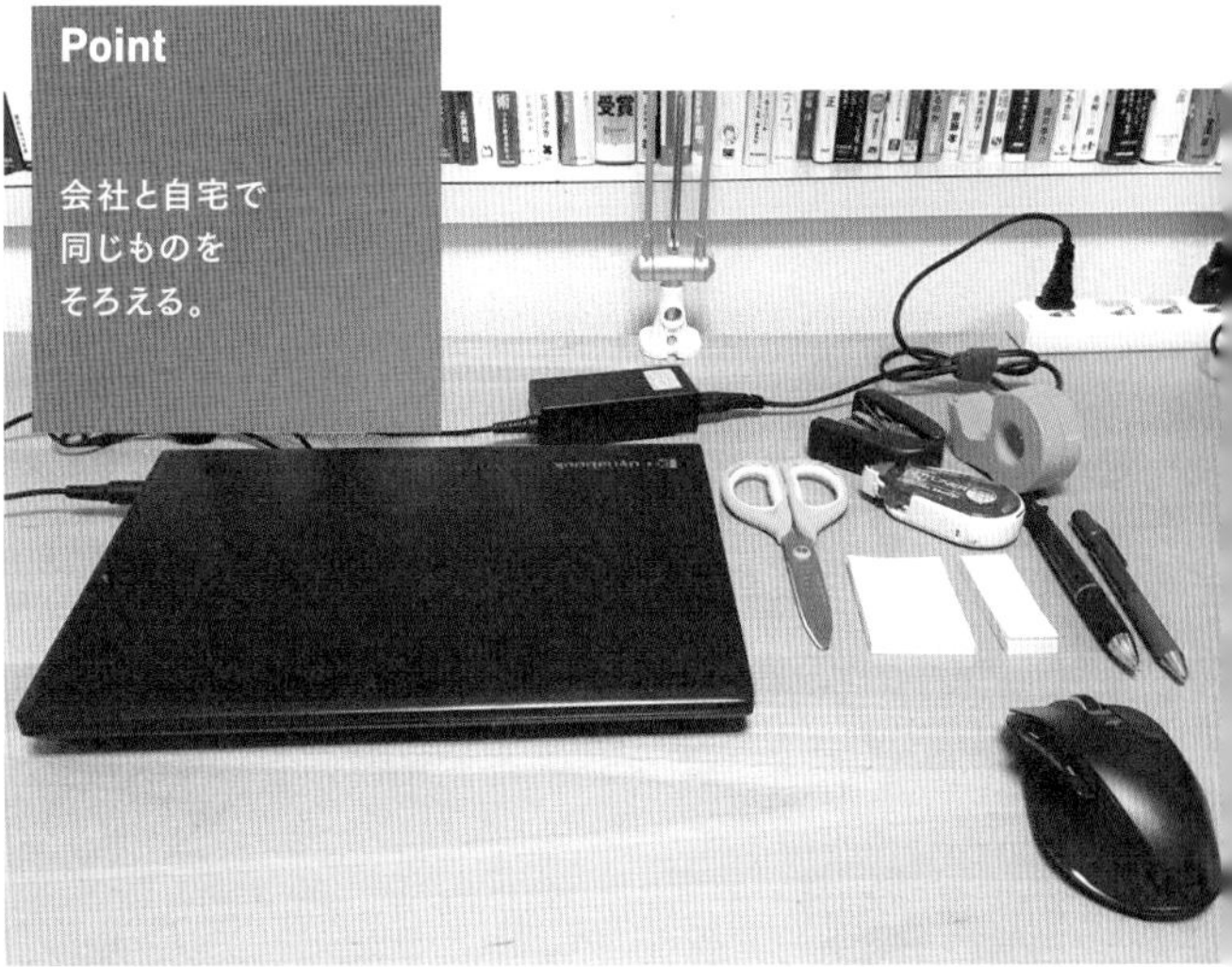
Point
会社と自宅で
同じものを
そろえる。

自宅のデスク。文具の種類はまったく同じ。色だけが異なる。

この章で使えるアイテム!

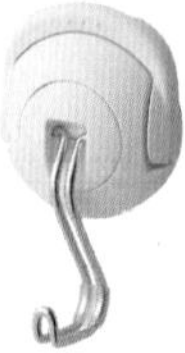

Part 4

自由に楽しむ「結果を出す」メソッド20

自分なりの「働きやすさ」を見つけた瞬間、
仕事が断然、楽しくなる！

081

「横に長いペン立て」を使う

長さだけでなく、薄さも業務の効率化に貢献する

幅60センチ、奥行き約6センチの長〜いペン立てを使っています。収納力がありつつ、それほど奥行きがないのがポイントです。

印刷物の校正作業など、紙を広げて行う業務が多いので、デスクの上のスペースを広く確保するために、このペン立てを導入しました。

仕切り板が簡単に移動できるので、ペンのような細長いものから、電卓のような幅があるものまで、さまざまなサイズのものを一緒に収納できる点が気に入っています。

60センチのペン立てですが、薄さのおかげで、デスクの上での圧迫感はまったくありません。パソコンの手前にA４サイズの書類やカタログを置けるようになったので、校正作業の効率は格段に上がりました。

Point

幅60センチの
ペン立てを使う。

見た目よりも収納力があるので、よく使っている文具をすべて収納できる。

縦に広くスペースが確保できるので、カタログを見ながらのパソコン作業も可能。

082

「A５のホワイトボード」にメモする

サラサラ書けるから、聞き取りながら書くのに適している

職場が固定席であるため、かかってきた電話を担当者へ取り次ぎする機会があります。電話の名指し人が不在だった場合は、相手の名前や用件など、簡単なメモを取る必要もあります。そのため、電話機の近くに、A５サイズのホワイトボードを置いてメモを取るのに使っています。

以前は、手元にちょうどよい紙がなかったり、あとから走り書きしたメモを清書することもありました。清書することになると、結局、下書きと清書用の２枚の紙を消費するので、とてもムダ……。

ホワイトボードを使うと、要領を得ない内容の電話でも、とりあえずメモして、電話が終わってからメモ用紙に要点を転記できます。ホワイトボード自体は、１００円ショップで購入しました。マグネット付きのペンも付いています。

Point

電話の近くに
ホワイトボードを
常備する！

ペンには字消しも付いている。このホワイトボードがあれば、
メモ用紙を準備したり、メモが散らかることもない。

083 あえて「引き出しを少し開けておく」

ほかの人に迷惑をかけない程度の幅をキープする

仕事中は、常に引き出しを少しだけ開けています。

ノートや商品カタログなど、使用頻度が高く、毎日必ず使うものは、引き出しの手前に入れています。そうすると、引き出しを全部引き出さなくても、使いたいものがすぐに取り出せるからです。

恥ずかしながら、元々、引き出しを開けっぱなしにしていることが多く、通りかかる人のジャマになっている意識がありました。

けれども、このクセがなかなか直らなそうなので、「せめて引き出しを開けている幅を小さくしよう！」と決意しました。

開いている幅は狭くなりましたが、開けっぱなしにしていると、自分にとっては作業効率がよく、便利です。

Point

取り出しやすさを
優先して、あえて
開けっぱなし！

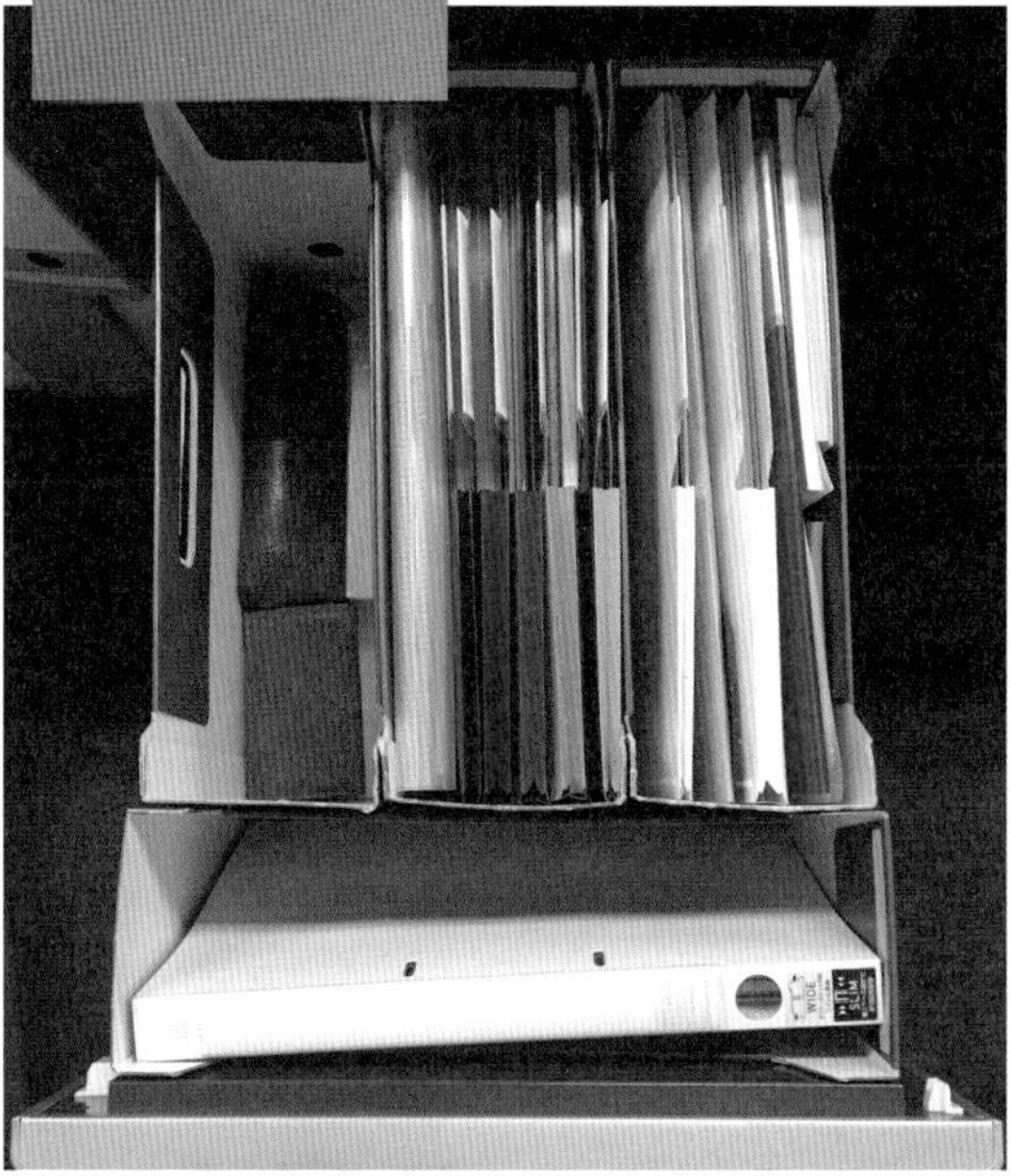

引き出しには、ファイルボックスが縦向きに3個と横向きに1個。
一番手前だけを横向きにすることで、引き出しをめいっぱい開かずとも、
どこに何が入っているかわかる。

084

「2つのゴミ箱」を使う

薄型のゴミ箱は、いくつ置いてもジャマにならない

デスクまわりにゴミ箱を2つ設置しています。

ひとつは、紙ゴミ用。こちらのゴミ箱には書類をメインに捨てているのですが、念のため猶予期間を設けて、1週間くらいここに寝かせてから捨てるようにしています。「あ、やっぱり必要だった、しまった!」を防ぐためです。

もうひとつは、お菓子の包み紙やティッシュなど、一般的な燃えるゴミ用です。

ゴミ箱の複数使いをするようになった理由は、共用のゴミ箱の前でモタモタと分別するのがイヤだったからです。職場の掃除タイムのときに、共用のゴミ箱の前で並んで仕分けをしていましたが、ふと、並ぶ時間も分別にかける時間もムダに感じられたので、捨てる時点で分別する運用に変えました。いま使っているゴミ箱は自社製品ですが、非常にコンパクトで、省スペースで設置できます。

Point

自分だけの
ゴミ箱が
2つ！

マグネットで引き出しの前面にも、側面にもピッタリくっつく。
A4用紙がすっぽり入る大きさだから、書類を折り曲げずにそのまま捨てられる。

085
やりかけの仕事は、そのままロッカーに入れる

乱暴に見えて、前日の仕事の続きがしやすいというメリットが！

フリーアドレスなので、資料やパソコンは個人ロッカーに入れて帰ります。子どもの保育園のお迎え時刻があるので、終業時には慌ただしくなってしまいがち。自分の終業時刻の数分前まで仕事をして、パソコンをシャットダウンしながらデスクの上を片づけるのですが、ときにはパソコンが完全に電源オフになるのを待てずにパソコンを半開きにしたままロッカーに小走りすることも。

帰る直前まで資料を広げて作業しているため、やりかけの仕事を整理したり、ファイルボックスに移すべき資料（処理済みのもの）を片づける時間はありません。とにかく、ざっとまとめてロッカーのパソコンスペース（上段）に入れています。やりかけの仕事には、資料もセットされたままなので、翌日、出勤したら、すぐに続きに取り掛かれます。

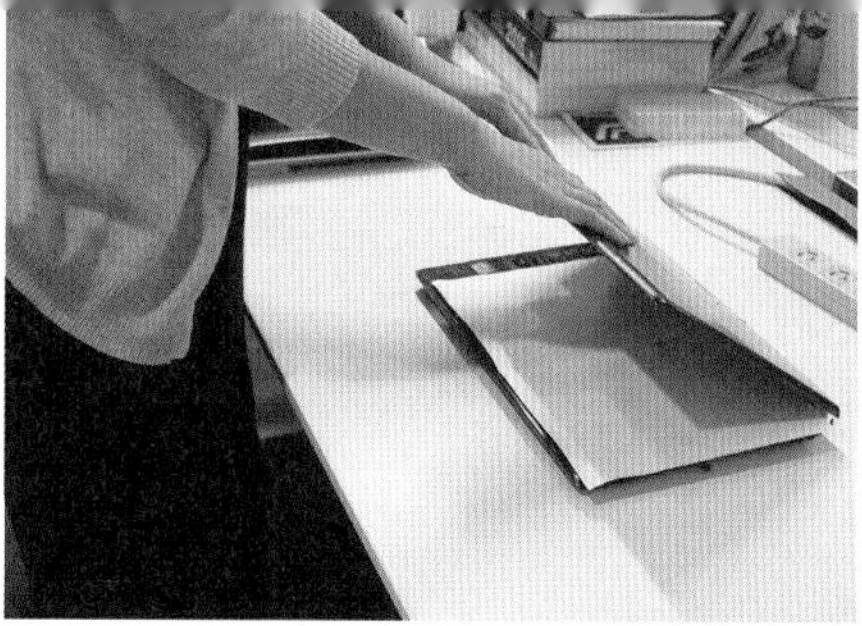

翌朝、余裕をもって出勤できるかはわからない。そのため、朝イチで必要な資料や忘れてはいけない提出物などは、念のため、パソコンに挟んで帰宅する。

Point

とにかく
ロッカーに
しまう！

端から見ると慌ただしく感じられるかもしれないが、前日の続きにすぐに取り掛かれることにメリットを感じている。

086

引き出しには「滑り止めマット」を敷く

動かないから、目的の文具を出し入れしやすい

デスクの最上段の引き出しには、底に滑り止めマットを敷いて、文具や名刺などを収納しています。

滑り止めマットは、100円ショップで売られている普通のものです。滑り止めマットを敷くことによって、引き出しの中のものが動かなくなり、目的のものを取り出しやすくなりました（それまでは、引き出しを開ける度に、中のものが動いてぐちゃぐちゃになり、イヤでした）。

細かい文具を収納するためのトレーやケースも必要ありませんし、引き出しを開ければ、即、欲しいものを取り出せるので、作業効率もアップしました。

文具を置くときのポイントは、できるだけ、立てられる文具は立てること。文具同士は重ねず、各文具が見えるように。直接、マットと触れるように置きます。

Point

マットが1枚
あるだけで
文具はピタッと
動かない。

文具の取り出しやすさはもちろんのこと、使い終わって戻すのも簡単！

087

資料は「左に置く」

作業を止めずに、モノを取れる動線を確保する

デスク上の資料やカタログ、キャビネットや引き出しは、できるだけ自分の左側に設置しています。

私は右利きで、右手でパソコンを操作したり、右手にペンを持っていることが多いので、空いているほうの左手で資料やカタログを取りにいくのが動線的にムダがないと考えているからです。

業務上、社内・社外を問わず、さまざまな問い合わせがきますので、即座に答えられるように、2年分の商品カタログと新製品のパンフレットは、自分から近い位置に置いています。

また、これから発表になるような新商品に関する書類などは、デスクの近くを通る人の目にもふれないように、引き出しの奥のほうに入れています。

Point

右手で作業を
しながら、
左手でモノを取る。

フリーアドレスではなく、自分の固定席があるので、
仕事をしやすい配置を常に研究している。

088 ファイルの表紙を「ホワイトボード」にする

ひとつの文具に、複数の機能を持たせる

紙製ファイルの表紙に、ひとまわり小さいサイズのクリア板を貼りつけて、簡易ホワイトボードをつくりました。ファイルの表紙とクリア板の間には書類も挟むことができ、書類の裏（白色）に映えて、書いた文字が見やすくなります。

表紙の裏には、専用ペンを入れる場所と予備の名刺入れも取り付けました。このペン差しは、消しゴムに穴をあけたものを貼り付けただけ。使うペンの太さに合わせて穴をあけました。

簡易のホワイトボードではありますが、ちょっとメモをしたいときにも便利ですし、打ち合わせの席で、ササッとイメージ図を描いて相手に見せたりするときにも重宝しています。わざわざホワイトボードを持ち歩かずに済みますし、自作アイテムは、見せた相手に「おおっ！」と驚かれるので楽しいです。

厚みがあって丈夫な紙ファイルを選ぶのがポイント。
備忘メモや ToDo を書くのにも使える。

Point

欲しいグッズは
自作する!

ホワイトボード用のペンを2色収納できる。
名刺入れは蓋付きケースなので、ファイルを横に持って歩いても、中の名刺が落ちない。

消すのも簡単!

089 ふせんスタンドを「メガネ置き場」として使う

定位置を決めると、グッと使いやすくなる

モノの定位置を決めるのが好きです。

退社時には、すべてのモノを定位置に戻して、出勤直後と同じ状態にします。

少し前から、ふせんを貼るスチール製のメモスタンド「カウネット メモスタンド ふせん置き付き」にPCメガネを置く場所をつくりました。

本来は、メモ用紙やふせんを置くところにメガネを置いているのですが、「そういう仕様なのかな？」と思えるくらい、フィットしています。職場の人の中には、私の使い方を見て、同じようにメガネを置きはじめた人もいます。

以前は、メガネを引き出しにしまったり、デスクに無造作に置いていましたが、置く場所が決まったことによって使いやすくなり、見た目も整った印象になったので、満足しています。

Point
自由な使い方を
していたら、
定位置を発見！

スタンドの上部には、カレンダーを貼ったり、
お気に入りの雑貨でデコレーションをして、癒しの空間に。

090

「カバン掛け」を持ち歩く

どこでもカバン置き場をつくれるから、座る場所を選ばなくなった

職場がフリーアドレスなため、カバンの置き場所に困っていましたが、強力マグネットタイプのフック「タフピタ」を使うようになり、悩みが解消されました。

以前は、個人ロッカーにカバンを入れることもありましたが、何か必要なものが出てきたときに、いちいち取りに行くのが面倒でした。また、自分の近くに置こうとすると、仕方なく床置きになってしまい、ときには自分で踏んづけたり、蹴っ飛ばしてしまうこともあって、衛生面が気になっていました。

このフックは最大保持荷重10キロまで対応しているので、パソコンの入った重めのカバンも安心して掛けられます。デスクだけでなく、オフィスにあるワゴンやキャビネット類は、たいていマグネットがくっつきますから、フックを設置する場所がなくて困ることもありません。

フックは360度回転するので、どんな向きでも取り付け可能。天井（デスクの下）にも取り付けられるので、足元のスペースも有効活用できる。

Point

強力マグネットフックがあれば、2秒でカバン置き場の完成！

仕事をしているデスクの壁面にフックを付ければ、モノの出し入れが便利。

091 「マグネットシート」を持ち歩く

目的に合わせて、サイズと形状も使い分ける！

ホワイトボードシート（マグネットシート）をいくつかのサイズにカットして活用しています。薄くて軽く、マグネットタイプなので、デスク上のいろいろなものにペタッと貼ることも可能です。

急いでやらなくてはいけないことなど、吹き出しの形のシートに記入して目の前のマグボトルなどに貼ると、必ず目に入ってきます。ＴｏＤｏをメモしているシートは、持ち歩きも可能です。

マグネットシートは、仕事のやり方や考えを整理するときにも使います。いわゆるホワイトボードらしく使うときには、自分の頭の中に思い浮かんだ内容を書いて出し尽くします（発想と思考の整理）。そして、マグネットシートに書き出した内容のうち、重要なこと、保存すべきことをノートに記録します。

Point

マグネットシート
を好きなサイズに
カットして持ち歩く。

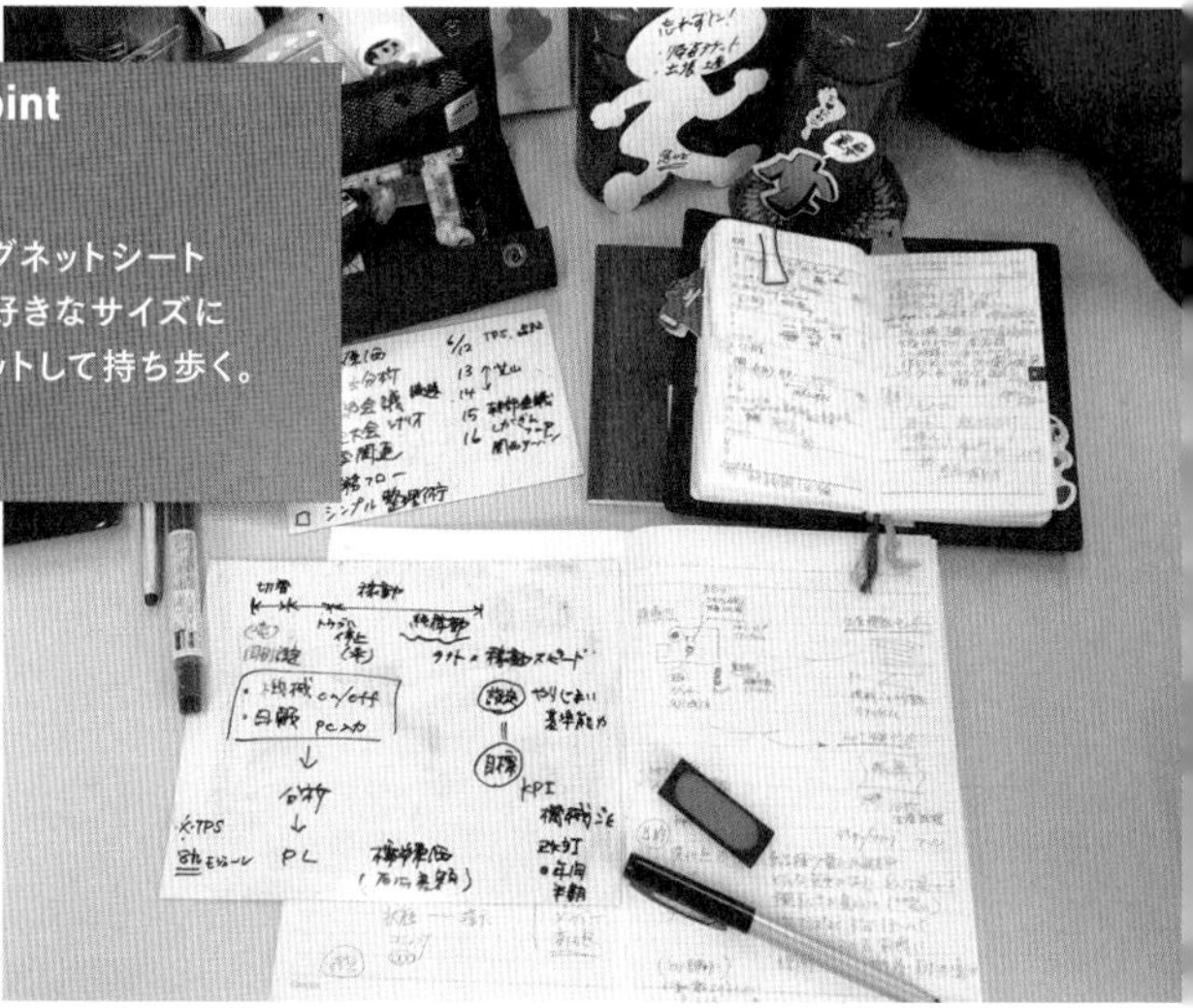

マグネットシートの中で、自由に発想したり、考えを整理する。まとまったところで、それをノートに記録する。

ふせん的に使っているマグネット。
重要事項は、吹き出しっぽく記入し、
楽しいカタチで気分も上げていく。

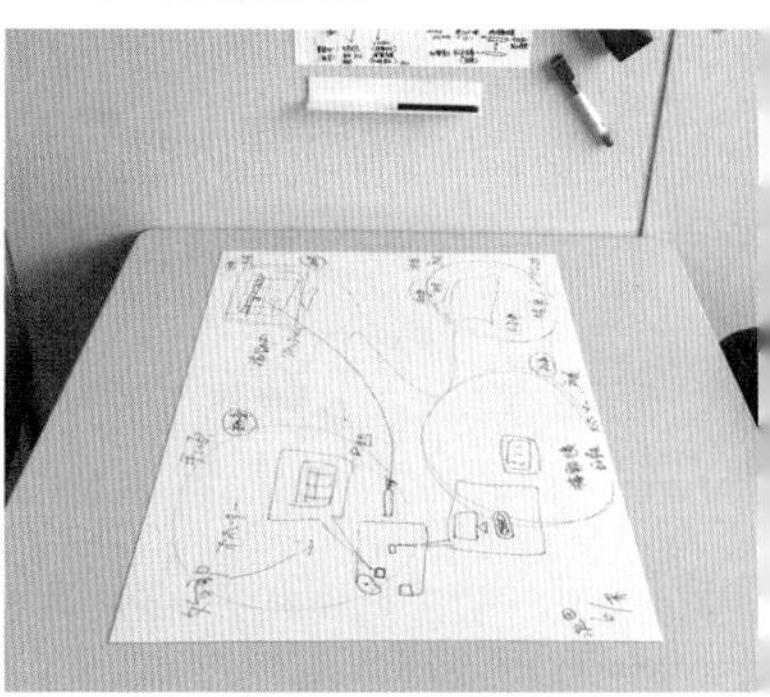

打ち合わせや会議では、大きめのシートを使う。
使用後は、ノートに記録したり、撮影して電子的に
共有することもある。

092 どこでも、あっという間に自席をつくる

「まるで固定席!」をフリーアドレスで実現する

フリーアドレスなので、出勤後は、自分の作業スペースをつくるところから仕事を始めます。

社内移動用のカバンには、書類、文具、ノートパソコン、マウス、スタンドなど、外付けディスプレイ以外のすべての仕事道具が入っています。

スタンドの大きいポケットにはノートパソコンを収納していますが、側面にはケーブルを通すための穴をあけています。というのも、ノートパソコンの画面は使わずに、外部の大きなディスプレイに出力したいからです。私の場合、画面が大きいほうが、作業効率は確実にアップします。

これらの準備はパソコンが起動している間に終わりますので、案外ラクですよ。

Point

カバンから荷物を
出せば、そこが
自分の席になる。

自分の作業スペースが完成したところ。
キーボードもマウスもワイヤレスでスッキリ。

このカバンにすべての荷物を入れる。カウネットのミーティングバッグ（ラージサイズ）を使用。

外付けモニターを使用。ノートパソコンは収納スタンドに入れたまま出力ケーブルで接続して使う。

093

「電源アダプター」は隠す

視界に入る「ごちゃごちゃ」を排除して、気持ちのよい作業スペースをつくる

職場はフリーアドレスなので、毎日、違う席で仕事をしています。いろいろなタイプの席がありますが、デスクにペンケースやちょっとしたものが置ける棚のあるタイプの席が、スペースが広く使えるので好きです。

仕事中は、デスク上に業務に必要なもの以外は出しておきたくありません。デスクの上がごちゃごちゃしていると、集中力の妨げになる気がします。

さらにデスクの上をスッキリさせるために、パソコンの電源アダプターはコードの長さを調整して、見えないようにしてしまいます。整理・整頓を気にする人は多いですが、この点を気にしている人はあまり見かけないような気がします。

ですが、電源アダプターの有無は結構大きいです。スッキリ感が足りない方はぜひ試していただきたいです。

やることは、電源コードを差し込むときにコードの長さを気にするだけ。
ほんのそれだけのことで、一日の作業環境が変わってくる。

094 「一番上の引き出し」に書類を詰め込む

早めに整理すると、保管書類が増えてしまう

新たに発生した書類のうち、保管する場所が決まっていない書類は、デスクの一番上にある引き出しがいっぱいになるまで詰め続けます。そして、いっぱいになったところで、書類をチェックして、保管する必要のないものを捨てます。

ざっくりした運用ですが、これでだいたい月に一度くらいの頻度で整理でき、かつ、大概の書類を捨てることができます。

書類が発生した時点で整理する場合は、迷いが出てしまい、多めに保管にまわしがちです。しかし、1カ月くらいたつと、大部分の書類が不要なことが判明し、サクサクと捨てられます。かといって、大量にため込みすぎると、書類をチェックする気もなくなってしまいますので、このワンクッションとしての「薄い引き出しいっぱい」は、まさに適量だと感じています。

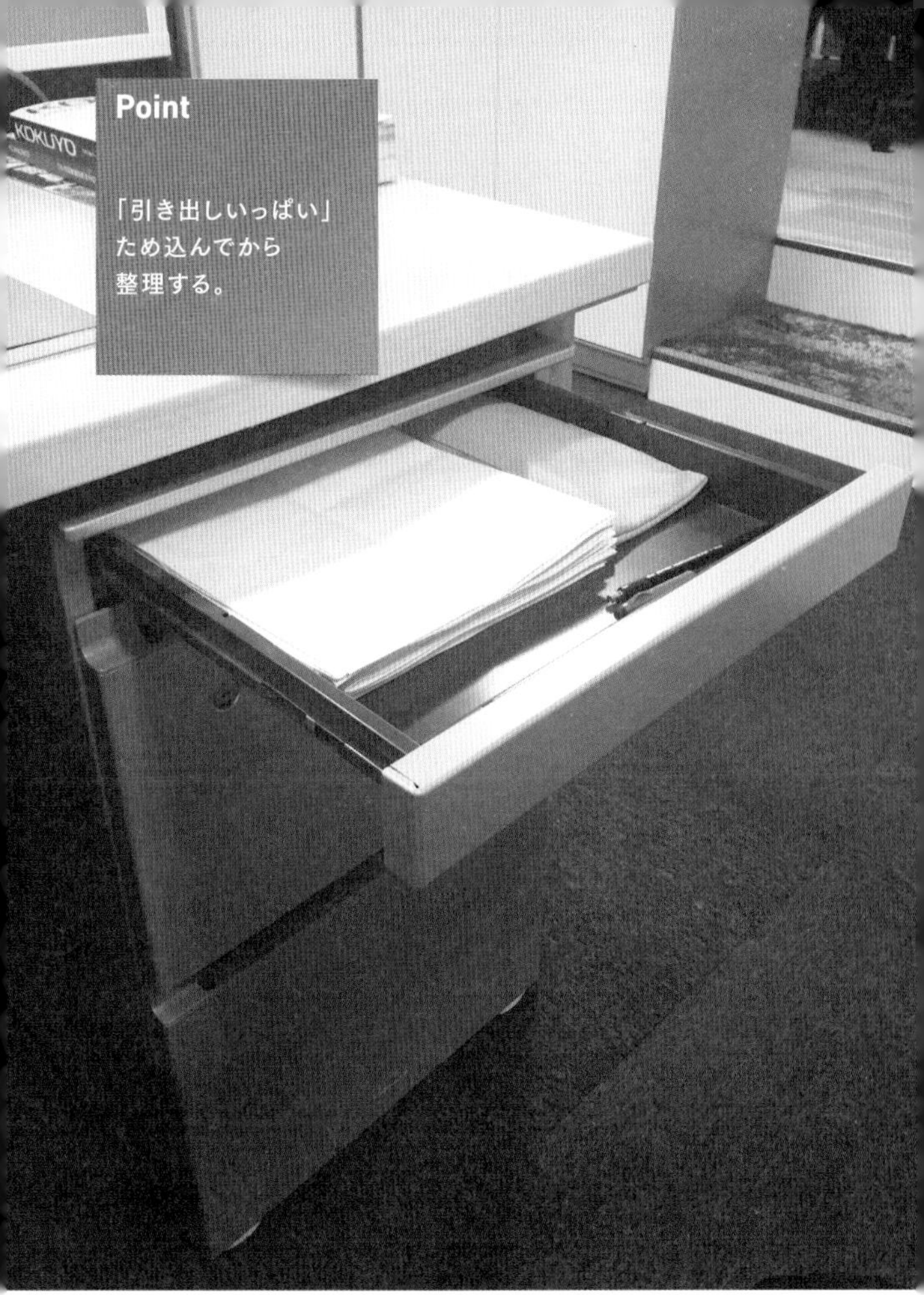
KOKUYO
Point
「引き出しいっぱい」
ため込んでから
整理する。

この写真は、あまりたまっていない状態のとき。
この3倍くらいの書類がたまったら、整理スタート！

095 情報は「Google に集約」する

情報を集約するから、自分も周囲も効率的に動ける

外出や出張の予定にかかわる情報を、すべてGoogleカレンダーの「説明」欄に集めています。

スケジュール作成時には、訪問先の住所や電話番号、経路や時刻、必要な資料や商品……といった情報をメールや資料からコピー&ペーストで記入します。記入が済んだ元の資料は、ここで廃棄することも可能です。

この事前作業をしておくと、当日はスマートフォンだけあれば、その情報にしたがって動けます。また、忘れ物の予防もでき、本来の業務にのみ、集中できます。帰社後は、旅費の精算が容易になります。自分の不在時にはチームメンバーもこれを参照できるので、出先への問い合わせや外部から本人への問い合わせがあった際にも対応ができ、本人だけでなく、チーム全体の効率も上がります。

Point

情報は
Googleカレンダーに
まとめる。

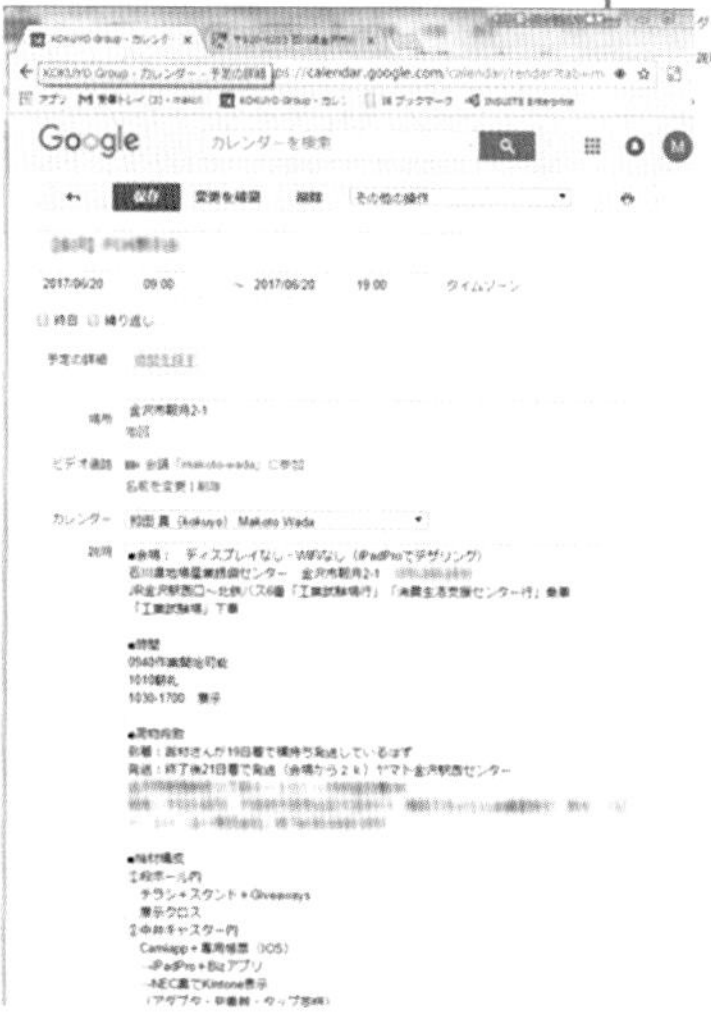

たとえば、展示会で説明を担当する予定があれば、

「日時・住所・現地主催者様の電話番号」→アポイントのメールからコピー＆ペースト。

「ブースの場所・展示物配置・サイトのリンク」→開催要項からコピー＆ペースト。

「同僚との待ち合わせ場所と時間・展示物の発送方法」→打ち合わせ中に入力。

「移動の予定」→乗り換え案内ソフトの検索結果をテキスト表示にしてコピー＆ペースト。

このようにGoogleカレンダーの「説明」欄に集約する。

096 ペンケースは「赤」を使う

よく使うものは、とことん目立たせる

営業カバンの中には、その日、必要となる最低限のものしか入れません。商品カタログ、その日の打ち合わせで使う書類（A4サイズ）、お客様に渡すリーフレット（キャンペーンの案内）などです。

ビジネスシーンでは、ブラックやネイビーのペンケースが人気ですが、自分は、鮮やかなレッドを持ち歩いています。いつでもサササッと取り出せるように、黒っぽい営業カバンの中で目立つ色を選びました。

このペンケース（「ウィズプラス」）は、ケースの外側にポケットがあり、よく使うペンを差しておけば、カバンに入れたままペンの抜き差しが可能です。私はこの外側ポケットに客先で使う機会の多いスケールを入れています。また、ケース内にも独立したポケットがあり、予備名刺の収納場所として重宝しています。

Point

すぐに取り出したい
ペンケースは
目立つ色を選ぶ。

営業カバンとしては、小ぶりのサイズ。
資料が多いときには紙袋を使えばよいので、基本を小さめに設定した。

097

大事な書類は「目に入る場所」に置く

仕事は、いつも見えるところに置いておきたい

仕事で使う資料は、案件ごとにまとめてクリヤーホルダーに入れて保管しています。ただし、そのままワゴンの引き出しなどに収納してしまうと、その仕事自体を忘れてしまう可能性もありますので、デスクの上に積み上げるか、マグネットで留めて、常に目に入るようにしておきます。

おおよそ3カ月ごとに仕事の棚卸しをしながら資料の保存・廃棄の判断をしますが、いつも、かなりの割合を廃棄することになります。

また、自分のデスクは狭くて気が散り、集中しづらいので、共用の広いミーティングテーブルなどに必要な資料を広げて作業をすることもあります。業務には、広いスペースを必要とする作業などもありますから、仕事によって場所（自席・テーブル・外出先）を使い分けることは、生産性向上にも役立ちます。

Point

目に入りやすい
場所にこそ
大事なものを置く。

自分のデスク以外で作業をすることもあるので、書類を積み上げておいてもよい。
作業場所を変えると気分転換になり、作業がはかどる。

書類は、デスク横の壁にもマグネットで留める。

098

欲しい文具は「自分でつくる」

「ない」ものは、自分でつくる！

「こんなグッズが欲しいけど、売ってない」という場合は、自分でつくることを考えます。最近では、卓上ゴミ箱とペーパーナイフホルダーをつくりました。

私がざっくりと描いた図面をもとに、レーザーカッターを持っている知人がカットと組み立てを行ってくれました。

自分のデスクの上にも、職場の共用ゴミ箱と同じような「燃えるゴミ」と「燃えないゴミ」を分別できる小さなゴミ箱があったらなぁ……と思ったのですが、卓上タイプのものは見当たらず、結局、自分でつくろうと思いました。

ペーパーナイフホルダーも同じ素材でつくり、マグネットでデスクワゴンの側面にくっつき、すぐ手が届く場所に設置できるので、たまりがちな封書やDMも以前に比べて早く開封できるようになりました。

Point

自分でつくるから
欲しい機能を
盛り込める。

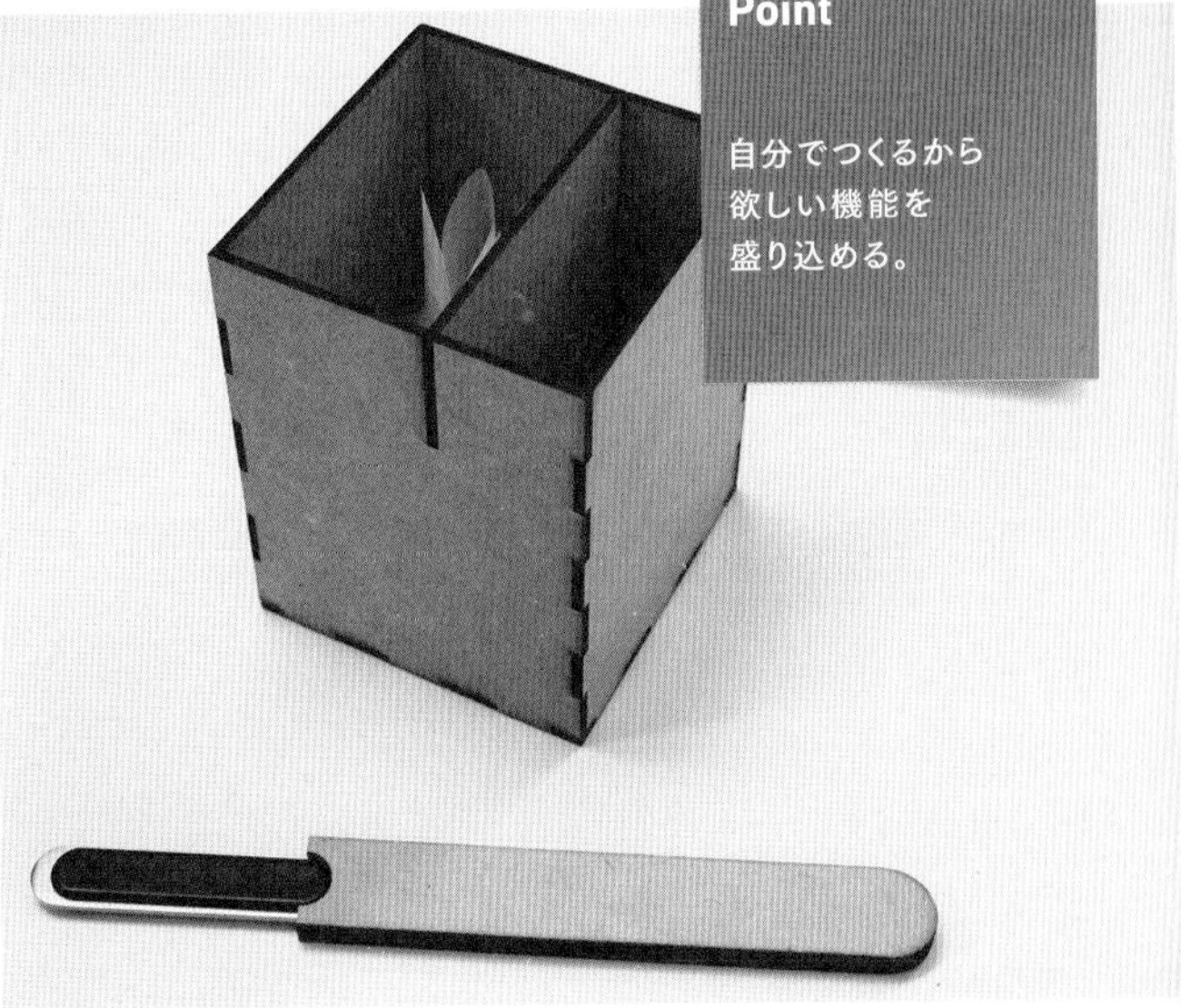

自分でつくった卓上ゴミ箱とペーパーナイフホルダー。同素材でつくっているので、「どこのメーカーのシリーズ?」と聞かれることも。

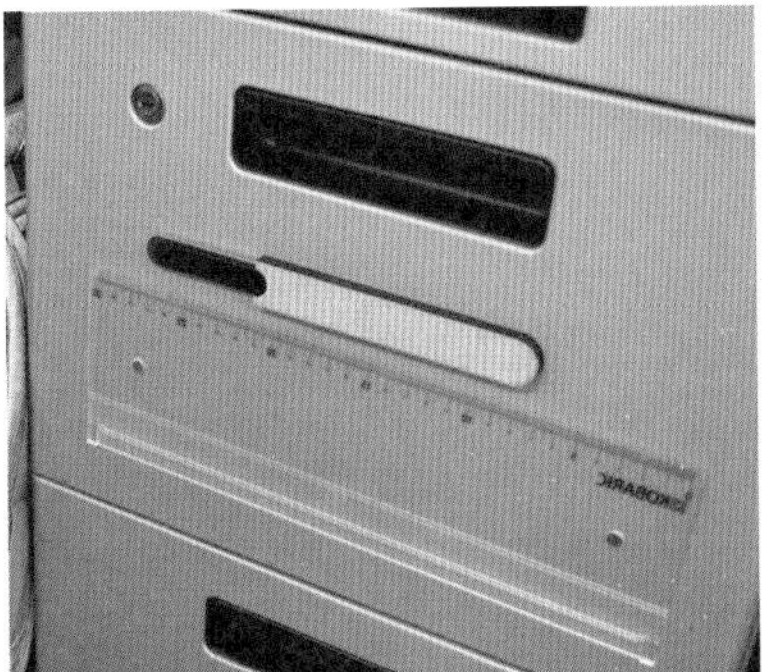

マグネットで引き出しにピタッとくっつく。ペーパーナイフ自体もケースにくっつく仕様なので、不用意に刃が飛び出すことはない。

099 「飲み物スペース」は独立させる

手や資料がぶつかって、飲み物を倒す心配がなくなった

クリップでデスクを挟んで設置するタイプのドリンクホルダーを使っています。紙コップや紙パックに入った飲料を飲みながら仕事をすることが多いのですが、以前は、普通にデスクの上に置いていたので、手が当たって倒してしまうこともありました。まあ仕方ないよね……と、あまり気にしていなかったのですが、遂にパソコンのキーボードの上にひっくり返して大惨事に！

その後、それを知った妹が誕生日にプレゼントしてくれたのが、このクリップ式ドリンクホルダーです。デスクを挟んで、独立した飲み物の置き場所を手軽につくれるので、ドリンクを倒して、大事な書類やパソコンにこぼす心配がなくなりました。

製品自体が耐荷重710グラムで、十分な深さもあるので、一般的な500ミリリットルのペットボトルを入れてもグラグラせずに安定します。

Point
クリップ式なので、
その日の作業に
合わせて、好きな
場所に設置できる。

クリップの内側にはシリコンがついているので、すべりにくく、
デスクに傷もつきにくくなっている。

100 基本的に「印刷しない」

本気で減らそうと思ったら、月間0枚も実現可能

紙の書類や資料を減らす取り組みをしている人は多いと思います。たとえば、「2枚分の書類を1枚で印刷する」とか「不要な書類を週に1回廃棄する」とか。

ですが、私の場合は、もっと徹底的に印刷の枚数と回数を減らしています。

いま、私が印刷している書類は、旅費精算の申請書のみです。これは、出力紙に押印が義務づけられているためで、もし、制度が変われば、0枚もあり得ます。

ここまで印刷しない秘訣は、ズバリ、「パソコンをプリンターにつながないこと」です。仕事で使うパソコンには、プリンターのドライバすら入れていません。

ちなみに、先の旅費精算の申請書は、月に1回、周りの誰かに頼んでプリントアウトをしてもらっています。

Point

プリンターが
ない環境を
つくる。

外付けの大型ディスプレイを使用している。
2画面を使って作業をすることによって、紙の閲覧時と同レベルの満足を得ている。

【企画・編集】下地 寛也　白石 良男　斉藤 康孝

【Special Thanks】
赤平 光隆　安部 哲朗　荒川 真伍　一色 俊秀　和泉 貴一
伊勢 圭太　伊藤 毅　伊藤 裕美　稲田 百合子　江崎 舞
江藤 元彦　尾内 健知　大川 晃一　大西 晴子　岡﨑 和恵
岡田 和人　尾﨑 圭以子　角幡 麻美　葛西 美樹子　梶本 太一
加藤 正和　亀井 亜紀　香山 恒　川崎 伸子　川人 慎右
川本 裕司　岸田 剛　北川 広明　木下 洋二郎　木村 篤司
黒田 岳史　後明 龍雄　今野 貴之　今野 由紀子　齋藤 俊英
斎藤 未生子　齊藤 文子　佐藤 辰也　佐藤 晴美　佐藤 文彦
澤田 真一　柴田 順子　城間 健市郎　新庄 美和　杉山 俊郎
鈴木 泰仁　角 宏樹　田浦 慎也　田子 浩一　高戸 博史
高橋 潤　武澤 学　武田 学　立花 保昭　長司 重明　陳 千慧子
辻 真理奈　槌谷 和巳　冨永 美沙希　中井 信彦　中野 晴佳
仲野 章子　中村 弘毅　成田 麻里子　萩原 智慧　秦野 晃
長谷田 大次郎　原瀬 雄一　林 仙和　早瀬 健一　阪東 千恵子
樋口 美由紀　久松 優　細谷 英昌　前田 賢一　松下 昌尚
村上 智子　村田 康男　八十 卓司　矢部 聰子　山口 千佳
山崎 篤　山下 正太郎　横手 綾美　芳野 裕範　吉羽 拓也
吉村 彩　吉村 茉莉　若林 淳一　和田 真　渡邉 聡　渡邊 陽子

＊紙面構成上、すべての人の写真が掲載されているわけではありません。
＊文中に掲載されている商品は、2017年時点のものです。

本書は、KADOKAWAより刊行された『仕事がサクサクはかどる
コクヨのシンプル整理術』を、文庫収録にあたり改題したものです。